FILMBIBLIOTHEK

David Bordwells (*1947) Publikationen, von denen *The Films of Carl-Theodor Dreyer* (1981); *Narration in the Fiction Film* (1985); *Ozu and the Poetics of Cinema* (1989); *The Cinema of Eisenstein* (1993); *On the History of Film Style* (1997); *Planet Hong Kong: Popular Cinema and the Art of Entertainment* (2000) herausragen, verschafften ihm internationales Renommee. Mit drei Standardwerken (zusammen mit Kristin Thompson bzw. Janet Staiger): *The Classical Hollywood Cinema: Film Style and Mode of Production to 1960* (1985); *Film Art. An Introduction* (5. Aufl. 1996); *Film History. An Introduction* (1994) hat er sich einen festen Platz in universitären Filmstudiengängen erobert.

David Bordwell
Visual Style in Cinema
Vier Kapitel Filmgeschichte

Herausgegeben und eingeleitet von Andreas Rost
Aus dem Amerikanischen von Mechtild Ciletti

Verlag der Autoren

Originalausgabe.
Nach einer Vorlesungsreihe im Münchener Arri-Kino im Sommer 1999

Fotonachweis:
Filmbilder aus dem Bestand von David Bordwell, Madison, Wisconsin
Bordwell-Foto auf der Rückseite des Einbands von Sabine Kückelmann

Die Deutsche Bibliothek – CIP Einheitsaufnahme

Bordwell, David:
Visual Style in Cinema : Vier Kapitel Filmgeschichte. Hrsg. und
eingeleitet von Andreas Rost. – Frankfurt am Main : Verl. der Autoren 2001
    (Filmbibliothek)
    ISBN 3-88661-226-0

2. Auflage 2003

Umschlag, Gestaltung und Satz: Wolfgang Perez, München
Druck: betz druck GmbH, Darmstadt
Printed in Germany
ISBN 3-88661-226-0

Inhalt

Vorwort des Herausgebers

Anlässlich eines seiner Münchner Auftritte hat David Bordwell damit gescherzt, dass es womöglich irrelevant sei, was er zu sagen habe, doch man solle sich unbedingt seine Dias anschauen: »... but you should see my slides!« So sind auch Studentinnen und Studenten, die seine Vorlesungen an der University of Wisconsin in Madison je besuchen konnten, stets von ihrer didaktischen Aufbereitung begeistert. Zum unverzichtbaren Bestandteil seiner Vorlesungen wie Vorträge gehört es, dass in einer Stunde mindestens 80 bis 120 Dias auf die Leinwand geworfen werden. Seine – auf Grundlage einer Liste seiner Dias und Filmausschnitte – zumeist frei, doch nahezu druckreif vorgetragene Rede entwickelt er vor dieser opulenten Bilderfolge. Deren Bausteine hat er über viele Jahre hinweg im Zuge seiner Recherchen in vielen Filmarchiven auf dem Erdball zusammengetragen. Entsprechend besorgt und beinah verärgert war er darüber, dass er für die Verlegung des vorliegenden Bandes über 700 seiner kostbaren Bildschätze aus der Hand geben sollte, wo doch der Faden seines ganzen (Wissenschafts-)Lebens mit der Arbeit anhand dieser Bildmaterialien untrennbar verknüpft ist. Wenn es so etwas wie »anschauliche Erkenntnis« mit bestimmten Evidenzerlebnissen gibt, dann im Zusammenhang seiner Bilder-gespickten Vorträge. An ihnen wird deutlich, dass seine Form der Filmwissenschaft primär eine Bildwissenschaft ist, die in ihrer Ausprägung einer kunstgeschichtlichen Vorgehensweise sehr nahe steht.

Deshalb ist David Bordwell auch gern der Einladung des *Instituts für Kunstgeschichte* an der Ludwig-Maximilians-Universität München nachgekommen, eine über vier Tage angelegte Vorlesungsreihe im ARRI-Kino am 1., 2., 8, und 9. Juni 1999 zu absolvieren, die auf Anregung des Kulturreferats und in Zusammenarbeit mit dem Prokino-Filmverleih und der ARRI TV Produktionsservice GmbH zustande gekommen ist. Den jeweiligen Vorlesungen, die nicht nur jede Menge Dias, sondern viele Filmausschnitte begleiteten, gingen stets Kinovorstellungen von den Filmen voraus, die für die behandelten filmhistorischen Dekaden als herausragende bzw. lehrreiche Beispiele von Professor Bordwell ausgewählt worden sind.

Unter der Fülle der gezeigten Filmbilder in statischer oder beweglicher Form war die Planung dieses Buches fast eine *mission impossible*. Die Druckkosten schienen unbezahlbar. Nur die Entwicklung neuer Druckverfahren, die die Zwischenschritte über Repros oder Lithos entbehrlich machen, konnte den Verlag davon überzeugen, das hier nun vorliegende Wagnis in Buchform einzugehen.

Die Fülle des Bildmaterials erforderte, dass Abbildungen und erläuternde Textpassagen stets auf derselben (Doppel-)Seite angelegt worden sind, damit das mühselige Blättern und Suchen entfällt und das Buch in seiner Anschaulichkeit der Überzeugungskraft der Vorlesung sehr nahe kommt, wenngleich deren eingestreute bewegliche Bilder hier zu Standbildern geronnen sind und im Text an wenigen Stellen etwas gekürzt werden musste, wo die Bildbeispiele nicht mehr zur Verfügung standen.

Bei der Nummerierung der Abbildungen sollten unübersichtliche Ziffernfolgen dadurch vermieden werden, dass auf eine das gesamte Buch durchziehende fortlaufende Nummerierung verzichtet wurde und wir stattdessen bei den einzelnen Filmbeispielen auf die jeweiligen Seiten die Nummerierung neu angesetzt haben. Stammen die einzelnen Abbildungen aus ein und derselben Einstellung eines Filmes, wurde bei solchen fortlaufenden Einstellungen auf die Kennzeichnung der Abbildungen durch Beibehaltung derselben Abbildungsnummer plus Anhang von Buchstaben in alphabetischer Folge zurückgegriffen (z.B. Abb. 1 a; 1b; 2a–d, etc.).

Es mag verwundern, dass der Buchtitel in Entsprechung zum Thema der Vortragsreihe mit *Visual Style in Cinema* im Original belassen wurde und Herausgeber wie Verlag der Versuchung widerstanden haben, hier beispielsweise »Zur Stilgeschichte des Kinos« oder ähnliches als Übersetzung anzubieten. Diese Vorsicht oder Zurückhaltung hängt mit den Definitionen und Konnotationen zusammen, die zumindest im Fach Kunstgeschichte der Begriff der Stilgeschichte erfahren hat, worunter bisweilen nur eine oberflächliche Einordnung bzw. Etikettierung verstanden wird. *Style* im Sinne von Bordwells Filmtheorie hat jedoch zumeist auch narrative Funktionen (vgl. *Narration in the Fiction Film*) und ist in den seltensten Fällen nur eine Frage der äußerlichen Bildgestaltung – was bei Bordwell unter stilistischem Exzess oder bisweilen auch unter *parametric narration* geführt würde. Insofern, um die Distanz zum kunstgeschichtlich präfigurierten Stilbegriff zu unterstreichen, wurde hier *visual style* im Titel belassen und im Text zumeist als »visueller Stil« übersetzt, der aber, wie der Leser merken wird, von seiner Funktion her

die Geschichte auf bestimmte Art und Weise (weiter-)erzählt und keine
bloße Oberflächenbeschaffenheit darstellt, sondern auch die Verbindungen (wie Auslassungen) zwischen den Einstellungen umfasst. *Visual
style* ist – ausgehend von der Blickführung des Zuschauers oder als »*managing what the spectator sees*«[1] (worunter auch das fällt, was der Zuschauer aufgrund des Sichtbaren noch erinnern als auch antizipieren
oder erschließen muss) – ein Mittelding zwischen den rein kunstgeschichtlichen Stil-Begriffen und den Erzählstrategien auf der Ebene so
genannter Tiefenstrukturen (Aktionslogik etc.), auf die gern die Film-
philologie im Zuge ihrer wissenschaftlichen Beschäftigung rekurriert.
Was Bordwell unter *visual style* versteht, hat daher mit seinem Postulat
zu tun, das er zusammen mit Noël Carroll in *Post-Theory. Reconstructing
Film Studies*[2] dahingehend formulierte, dass es ihnen um »a middle-ran-
ge inquiry that moves easily from bodies of evidence to more general ar-
guments and implications« gehe, die vornehmlich als Stückwerk und
»*problem-driven reflection*« (S. XIII) daherkomme. Was bei Bordwell und
Carroll als »middle-level theories« (S. XV) bezeichnet wird, ist ein
Brückenschlag von der Anschaulichkeit zur Formulierung theoretischer
Erkenntnisse im Zuge von Abstraktionsleistungen. So wird im vorliegenden Buche, indem – bei Herausarbeitung bestimmter stilistischer
Tendenzen innerhalb des ersten Kino-Jahrhunderts – Schlussfolgerun-
gen von einer Vielzahl von Bildern ihren Ausgang nehmen[3], auf anschauliche Weise zugleich das »Bild« der Filmwissenschaft bereichert, die
sich nach Auffassung Bordwells in den letzten zwanzig Jahren zu sehr an
überwölbende General-Theorien festgeklammert habe.

Speziell im Fach Kunstgeschichte ist die Beschäftigung mit Film leider
eine Ausnahmeerscheinung und wird in der Regel nur über Lehraufträ-
ge oder gelegentliche »Ausflüge« hauptamtlicher Professoren in dieses
ungewohnte Terrain abgedeckt. Trotz hoffnungsvoller Anfänge in dieser Richtung in den Dreißiger- und Vierzigerjahren durch Erwin Panofs-
ky und Rudolf Arnheim, ist dieser Wissenschaftsfaden nur sporadisch
wieder aufgegriffen worden. So mag das Buch aufgrund seiner bildin-
tensiven Betrachtungsweise für Kunstgeschichtsstudentinnen und -stu-

---

[1] Vgl. Bordwells Ausdrucksweise auf S. 11 in diesem Buch.
[2] David Bordwell / Noël Carroll: *Post-Theory. Reconstructing Film Studies*. Madison: University of
Wisconsin Press, 1996
[3] Ein Vorgehen in umgekehrter Richtung findet sich bei Elisabeth Bronfen in *Heimweh: Illusions-
spiele in Hollywood*. Berlin: Verlag Volk & Welt, 1999, wo Filme in erster Linie als Beleg für vor-
ab bezogene Lacan- oder Žižek-Positionen herhalten zu müssen.

denten einen Ansporn zu eigenen Entdeckungen liefern, vor allem wenn man mit Bordwell die Auffassung teilt: »Grand Theory will come and go, but research and scholarship will endure.«[4]

München im Dezember 2000

Andreas Rost

---

[4] David Bordwell: »Contemporay Film Studies and the Vicissitudes of Grand Theory«, in: Bordwell / Carroll: *Post-Theory*, a.a.O., S. 30

Erstes Kapitel: Die Zeit des Stummfilms

Über die Gebr. Lumière, Georges Méliès, Edwin Porter, Harold
Lloyd, Lev Kuleshov, Sergeij Eisenstein, Ernst Lubitsch u.v.m. zu
D.W. Griffith: THE BATTLE AT ELDERBUSH GULCH (USA 1914) und
Victor Sjöström: INGEBORG HOLM (Schweden 1913)

Kino kann – auf sehr grundlegende Art – als Lieferant einer Abfolge von
Bildern verstanden werden (*providing successive pictorial displays*). Und
ein Aspekt, unter dem man die Geschichte des visuellen Stils im Kino
betrachten kann, ist der einer Blickführung des Zuschauers (*managing
what the spectator sees*). Ich habe aus Otto Premingers Film ANATOMY OF
A MURDER von 1959 einige Bilder herausgegriffen, weil ich sie für ge-
eignet halte, uns etwas über allgemeine Grundzüge des Kinos zu lehren.
Dessen wesentliche Merkmale ruft uns nämlich eine interessante Sequenz aus diesem Film in Erinnerung.
James Stewart spielt hier einen Anwalt, der vor Gericht seinen Mandanten, gespielt von Ben Gazzara, verteidigt, dem ein Mord angelastet
wird. Viele Einstellungen dieses Films zeigen eine Person im Vordergrund, z.B. hier den Staatsanwalt, gespielt von George C. Scott, dann
James Stewart im Mittelgrund neben seinem Mandanten und schließlich im Hintergrund die Zuschauer im Gerichtssaal (Abb. 1). Ich will
auf diese merkwürdige Einstellungsfolge gegen Ende von ANATOMY OF
A MURDER näher eingehen, um ein Problem hervorzuheben. Wenn Lee
Remick, die die Ehefrau des Angeklagten spielt, der den Mann getötet
hat, der sie vergewaltigen wollte, im Zeugenstand sitzt, bestätigt sie
natürlich die Aussage ihres Mannes, als sie der Staatsanwalt ausfragt. Dabei blickt sie uns an (Abb. 2). Darauf folgt eine eigenartige Einstellung:
Wir sehen, wie der Staatsanwalt, also George C. Scott, sich so nach

Abb. 1

Abb.2

Abb. 3a

Abb. 3b

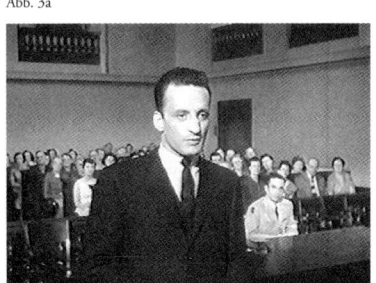

Abb. 3c

Abb. 3d

Abb. 3e

Abb. 3f

Abb. 4

Abb. 5

12

rechts bewegt (Abb. 3a), dass er uns den Blick auf James Stewart, den Verteidiger im Hintergrund, alsbald *versperrt* (Abb. 3b), bis Stewart ganz verdeckt ist (Abb. 3c). Da aber George C. Scott nicht in unsere Richtung blickt, ist diese Einstellung nicht als subjektive Sicht aus dem Blickwinkel der Frau im Zeugenstand zu verstehen. Scotts Blick zu ihr bleibt seitlich – von uns aus nach rechts – gerichtet. Im weiteren Verlauf der Sequenz versucht James Stewart Lee Remick wiederum in den Blick zu bekommen, um ihr ein Zeichen geben zu können. Er tritt deshalb hinter George C. Scott auf der linken Seite hervor (Abb. 3d), aber Lee Remick sitzt – wie der Blick des Staatsanwalts anzeigt – so, dass Stewart nun ihrer Sicht erst recht entzogen sein dürfte. *Wir* können ihn sehen, *sie* nicht. Das Versteckspiel wiederholt sich, wenn George C. Scott wiederum einen Schritt zur Seite macht – diesmal von uns aus gesehen nach links (Abb. 3e) –, um James Stewart erneut zu verdecken (Abb. 3f). Wenn wir Lee Remick in näherer Einstellung abermals sehen, die in Richtung des Staatsanwalts nach links schaut (Abb. 4), und George C. Scott, der in ihre Richtung nach rechts blickt (Abb. 5), stellt sich die Frage, wem dieser eigentlich die Sicht versperrt. Nicht Lee Remick, die er noch immer anblickt, und auch nicht James Stewart, wenngleich dieser im Hintergrund in die Höhe schießt, um sich beim Richter über diese Sichtblockade zwischen ihm und der Zeugin zu beschweren. Nein, George C. Scott versperrt lediglich *uns* den Blick auf James Stewart.

Mir scheint dieser Ausschnitt beispielhaft zum Verständnis einiger typischer Merkmale von Kino. Was die Filmfigur sieht, ist nicht so wichtig. Da können wir alle möglichen Spielarten zulassen. Das Entscheidende ist, was wir dem *Zuschauer* an Information zuführen oder vorenthalten. *Unser* Blickwinkel zählt und nicht derjenige der Figuren. Betrachtet man die Geschichte des Kinos im Hinblick auf seine visuellen Gestaltungsweisen (*visual design*), so kann man also sagen, dass es ihm stets darauf ankommt, auf sehr unterschiedliche Weisen unsere Aufmerksamkeit zu wecken und zu fesseln sowie uns relevante Informationen über die Welt zu übermitteln, die auf der Leinwand gezeigt wird. Ich werde in dieser Vorlesungsreihe verschiedene Methoden betrachten, die zur Erreichung dieses Ziels angewandt werden, und wir werden sehen, auf welche Weise einzelne Filmemacher den Fluss visueller Informationen zum Zuschauer zu steuern versuchen. Einerseits waren diesem Bemühen durch die technischen Möglichkeiten des Kinos, insbesondere der Kamera, Grenzen gesetzt, andererseits aber spielten auch gewisse künstlerische

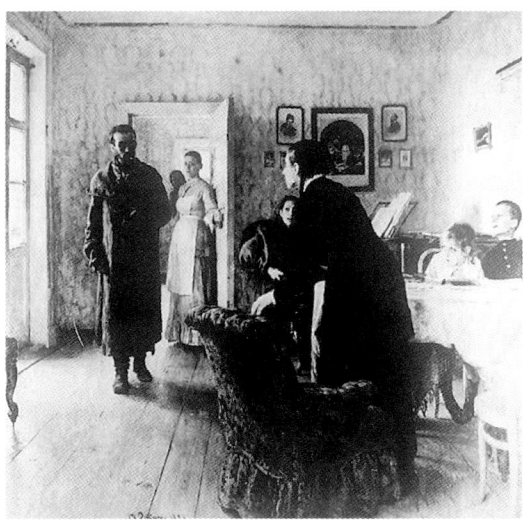

Ilya Repin: *Unerwartet – plötzliche Heimkehr eines politisch Verbannten (1884)*

Traditionen, die aus der bildlichen Darstellung (*the visualized*) im Allgemeinen übernommen wurden, eine Rolle. Eine Reihe von Regisseuren hat Wege gefunden, um diesem Schlüsselproblem, wie man dem Zuschauer Informationen nicht nur liefern, sondern auch vorenthalten kann, beizukommen. In den folgenden vier Vorlesungen werde ich einige der visuellen Traditionen untersuchen, die sich im Lauf der Kinogeschichte, wenn man sie als Geschichte von Problemlösungen versteht, entwickelt haben. Was haben sich also Regisseure zur Frage ›Wie kann ich den Informationsfluss steuern?‹ einfallen lassen.

Beginnen wir mit dem Stummfilm. Von Anbeginn, seit den Neunzigerjahren des 19. Jahrhunderts, stand das Kino vor einer Schwierigkeit: dem Zuschauer von nur einem einzigen Blickpunkt aus alles Notwendige zu zeigen. Diesem Problem begegnen wir auch noch im Tonfilm, wie ANATOMY OF A MURDER zeigt. Das Kino hat eine ganze Reihe bildlicher Schemata – wie wir sie nach Ernst Gombrich nennen können – oder visueller Techniken – wie ich sie nenne – aus der Geschichte der bildenden Künste übernommen. Schauen wir ein Gemälde von Ilya Repin: *Unerwartet – plötzliche Heimkehr eines politisch Verbannten* (Abb.)*

*Anm. des Hrsg.: Ilya Repin (1844–1930), von 1893–1907 Professor in St. Petersburg, gilt als bedeutendster Naturalist Russlands. Neben Porträts von Zeitgenossen, historischen Gemälden und religiösen Wandmalereien malte er Genrebilder mit sozialkritischen Tendenzen.

William Frederick Yeames: *Defendant and Council (1895)*

aus dem Jahr 1884 an. Wir werden in dieser Vorlesung verschiedene Möglichkeiten sehen, wie diese Art bildnerischer Gestaltung auch in Filmen auftaucht: ein tiefer Raum mit einer Tür, eine zweite Tür, die irgendwo in die Ferne führt, sind von einem großen Vordergrund-Raum umgeben, und dann, kalkuliert eingesetzt, verschiedene in der Tiefe festgehaltene Einzelinformationen, also hier ein Gesicht, dort ein weiteres Gesicht, ein abgewandtes Gesicht, ein halb verborgenes Gesicht, eine Betonung durch Frontalität und Zentrierung, um uns auf diese besondere Figur links aufmerksam zu machen. All diese Elemente steuern, was der Betrachter von einem festen Blickpunkt aus in Hinblick auf einen perspektivisch angelegten Raum zu sehen vermag.

Nehmen wir ein anderes Beispiel aus der malerischen Tradition, William Frederick Yeames' Gemälde: *Defendant and Council* von 1895 (Abb.)*, das in dem Jahr gemalt wurde, als das Kino nach allgemeiner Auffassung zu einem volkstümlichen Unterhaltungsmedium wurde. Eine ganz andere Lösung fällt auf: Der Tiefenraum, wenngleich noch vorhanden, ist viel weniger betont; die Anwälte, die die Frau befragen, sind mehr in der Fläche komponiert. Das Wichtigste aber ist zweifellos die Anordnung

---

*Anm. des Hrsg.: Yeames (1835–1918), in Südrussland als Sohn eines brit. Konsuls geboren, studierte in Dresden, bevor er 1848 nach London zog. Zwischen 1852 und 58 arbeitete er in Rom und Florenz. Sein Hauptinteresse galt historischen Szenen der Tudor- und Cromwell-Periode.

der Frau auf der äußeren rechten Seite und der Männer auf der linken, deren Blicke über die Fläche des Bildes hinweg auf sie gerichtet sind – eine bildparallele Inszenierung und nicht die Art der Tiefenanordnung, die wir auf dem Repin-Gemälde aus dem Jahrzehnt zuvor gesehen haben. Auch dies ist ein bildliches Schema, auf das die Filmemacher zurückgreifen werden, um dem Problem beizukommen, wie man dem Zuschauer von einem einzigen Blickpunkt aus alles zeigen kann, was von Bedeutung ist.

Aber Kino ist natürlich nicht allein statische visuelle Gestaltung (*visual design*) wie die Malerei; das Bild bewegt sich und wird daher noch durch andere typische Merkmale gekennzeichnet, die wir untersuchen müssen: die Art und Weise, wie Filmemacher Bewegung und abstrakte kompositorische Gestaltung zu organisieren vermögen. Insofern könnten wir auch sagen, dass Kino mehr Ähnlichkeit mit dem Theater hat, weil ja das Theater genau wie das Kino Zeit und Bewegung umfasst. Wir werden sehen, dass es einige wichtige Unterschiede zwischen Theater und Kino gibt, deren sich die frühen Filmemacher durchaus bewusst waren. In Anbetracht der Tatsache, dass in den frühen Anfängen des Kinos die Kamera auf diesen einen Standpunkt beschränkt war, von dem aus das Objektiv alles einfangen musste, was sich in dem bewegten Bild abspielte, mussten die Filmemacher sich Möglichkeiten einfallen lassen, die Bewegung innerhalb des Bildes zu organisieren. Da es kein statisches Bild wie ein Gemälde, sondern ein dynamisches ist, suchten die Regisseure nach Mitteln, den notwendigen Informationsfluss so herzustellen, dass er zum Ausdruck der künstlerischen Absicht innerhalb des Bildausschnitts taugte.

Schon in einem der frühesten Filme, einem Lumière-Film, finden wir ein sehr simples Verfahren, das Bild über einen Zeitverlauf hinweg zu organisieren, vom Beginn des Films über seine Mitte bis zum Ende. In dem Film L´Arrivée d´un train en gare de La Ciotat aus dem Jahr 1895 werden, zu Beginn der Filmgeschichte, einige sehr geläufige Mittel verwendet (Abb. 1a–d). Wir fangen etwa mit einem relativ leeren Bild(raum) an und sehen zu, wie er sich durch die Handlung oder das Ereignis, das uns interessiert, füllt. Aufgabe des Handlungsflusses ist es also, zu Beginn erwartungsvolle Spannung zu erzeugen und dann den Umfang an Informationen zu erweitern. *Eine* einfache Art, das zu erreichen, besteht darin, Bewegung aus dem Hintergrund in den Vordergrund kommen zu lassen, und eben das geschieht in diesem Film. Lumière hätte den Zug von seinem hinteren Ende aus filmen können,

Abb. 1a

Abb. 1b

Abb. 1c

Abb. 1d

hätte ihn – quasi hinter unserem Rücken – ankommen und das Ereignis in die Ferne zurücktreten lassen können; aber das tut er nicht. Er lässt das Ereignis auf uns zu-, in den Vordergrund kommen und erzeugt dadurch so etwas wie eine »Kunst der Erwartung«. Wir beginnen also zunächst mit einer Auffassung von Kino, wonach innerhalb der Einstellung Raum und Zeit in Form dieser Bewegung – von hinten nach vorn, aus der Ferne in die Nähe – strukturiert worden sind.

Im Verlauf des Films geschieht nun Folgendes: Mit der Ankunft des Zuges im Bahnhof beginnt sich auch der Vordergrund mit Menschen zu füllen. Dieser anfangs leere Vordergrund wird also immer dichter bevölkert. Leute treten auf, die in den Zug steigen wollen, ein Mann, der zum Zug will, kommt nach vorn, und zum Ende hin gibt es dann eine Vielfalt kleiner Ereignisse, lebhafte Bewegung, in unterschiedlicher Richtung. Diese Bewegung nach vorn ist im frühen Kino eine der gebräuchlichsten Techniken, um Zeit und Raum im Filmbild visuell zu strukturieren, und wird, wie ich später zeigen werde, noch heute angewendet.

Kommen wir zu einem anderen Beispiel: Lumières Filme waren nicht nur Dokumentationen. Seine Kameraleute schufen auch Handlungen, kleine Szenen für ihre Filme, deren Spieldauer in der Regel nur etwa eine Minute beträgt. Sie arbeiteten ebenfalls mit dieser Bewegung nach

Abb. 1a

Abb. 1b

Abb. 1c

Abb. 1d

Abb. 1e

Abb. 1f

Abb. 1g

Abb. 1h

vorn und der Nutzung der Diagonalen, um das Interesse zu erhöhen. Aber natürlich konnten sie mittels Inszenierung eine viel ausgefeiltere Bildstruktur anbieten. Die Ankunft eines Zuges ist etwas Simples, aber als die Filmemacher begannen, die Handlung sich auszudenken und zu manipulieren, konnten sie mehr daraus machen.

In dem Lumière-Film LE FAUX CUL-DE-JATTE, der 1897 entstand, ist das festzustellen. Wir sehen einen Bettler, der die Hand aufhält (Abb. 1a). Passanten bewegen sich aus dem Hintergrund nach vorn; das Grundmuster der Bewegung im Film ist dasselbe, wie wir es aus dem Zug-Film kennen: aus dem Hintergrund in den Vordergrund. Menschen gehen vorüber, der Bettler rollt auf seinem Wägelchen nach vorn, um Almosen zu erbitten, und Vorübergehende geben ihm Geld (Abb. 1b). Die Handlung spielt sich also im Vordergrund ab. Immer mehr Passanten treten auf (Abb. 1d), ein Hund stromert ins Bild (Abb. 1e), aber aus der Ferne nähert sich seit geraumer Zeit ein Polizist (Abb. 1c), der nun unübersehbar an der Hausecke angelangt ist (Abb. 1e). Der Filmemacher hat den Vordergrund jetzt von anderen Personen freigemacht, der Polizist sagt, »Verschwinde hier!« – Untertitel gibt es nicht, wir müssen uns selbst die Dialoge dazudenken – und will den Mann verscheuchen (Abb. 1f). Aber da springt der Bettler von seinem kleinen Wagen, entlarvt sich damit als ›falscher Amputierter‹ (Abb. 1g). Nun geschieht etwas Interessantes: Die Handlung beginnt sich in die Ferne zu verlagern (Abb. 1h). Das aber ist nur möglich, weil der Regisseur den Ablauf der Ereignisse durch Inszenierung steuern konnte. Was als Bewegung nach vorn begonnen hat – getragen von den Passanten, dem Polizisten und dem Bettler –, endet mit einem In-die-Ferne-Rücken. Damit hat sich jetzt ein sehr einfaches, grundlegendes Muster herausgebildet: eine Bewegung hin zur Kamera, ein Handlungsmoment im Vordergrund, dann eine Bewegung weg von der Kamera – sehr einfach! Aber mit einem solchen visuellen Schema lässt sich das Problem lösen, wie man – mit einer einzigen Kamera, einer einzigen Position, ohne Kamerabewegung, ohne Montage, ohne all diese Möglichkeiten, die uns heute zu Gebote stehen – ein Ereignis in Raum und Zeit organisieren kann. Dieses sehr einfache Muster wird zu einer grundlegenden Technik für alle Filmemacher. Wir brauchen nur daran zu denken, wie Filme beginnen und enden, oder wie auch Szenen beginnen oder enden.

Diese Beschränkung auf einen einzigen Blickpunkt, die Unbeweglichkeit der Kamera, die Tatsache, dass es keine Montage gab, wurde dennoch als Problem empfunden. Denn es ist ja nicht möglich, verschiede-

Abb. 1a

Abb. 1b

ne Positionen im Raum einzunehmen. In einem anderen Lumière-Film, LES JOUEURS DE CARTES, ist diese Art der Kadrierung völlig zufriedenstellend, aber schon dann, wenn man eine nur mäßig komplizierte Handlung einführen will, wird die Kamera mit feststehendem Objektiv zum Problem.

Dazu ein Beispiel: Lumières Kameraleute haben viele Filme mit dem Sujet der Kartenspieler gedreht. In diesem hier sitzen zwei Kartenspieler an einem Gartentisch und fangen an zu streiten. Im Hintergrund besprengt ein Gärtner mit seinem Schlauch die Pflanzen. Im Lauf der Szene kommt ein Mann vorbei, der dem Gärtner befiehlt, diese Männer durch Bespritzen mit Wasser zur Räson zu bringen. Der Gärtner gehorcht. Wir sehen links, halb verdeckt, den Mann, der dem Gärtner die Abkühlung befohlen hat, und im Vordergrund die beiden miteinander ringenden Kartenspieler (Abb. 1a). Vom Gärtner sehen wir allerdings nichts mehr, sondern nur den Wasserstrahl, der die Kampfhähne trifft. Sie versperren komplett die Sicht auf den Gärtner. Beim Betrachten des Films stellt sich die Vermutung ein, dass der Kameramann den Streitenden zugerufen haben muss, »Gehen Sie da rüber, ich kann sonst vom Gärtner nichts sehen!« Mit anderen Worten, der starre Blickwinkel der Kamera kann zu Sichtproblemen und Verständnisschwierigkeiten führen, wenn man die Bewegungen innerhalb der Kadrierung nicht völlig kontrolliert. Wir sollten den Gärtner ebenso sehen können wie seine Opfer. Indem die beiden Kämpfenden dann ein wenig nach rechts rücken und der Gärtner dadurch zum Vorschein kommt, sind alle Beteiligten wieder im Bild, und uns ist völlig klar, was geschieht (Abb. 1b).

Das Beispiel zeigt uns, wie vorteilhaft es für den Filmemacher wäre, die Handlung aus nicht nur einem, sondern mehreren verschiedenen Blickwinkeln zeigen zu können. Ubiquität wäre ideal; eine allgegenwärtige Kamera könnte die Handlung von vielen Punkten im Raum aus einfangen. Es heißt, dies sei einer der Gründe für die Entwicklung der Montage gewesen; mit ihrer Hilfe nämlich kann diese räumliche Allgegenwart erreicht werden. In der Tat wird die Entwicklung der Montagetechnik von Filmhistorikern als so entscheidend betrachtet, dass die Geschichte des filmischen Stils der Stummfilmzeit meist als die Geschichte der Montage beschrieben wird. Sie wurde von den Filmhistorikern als der große entscheidende Durchbruch gerühmt. Nun, da man nicht mehr auf die statische Position einer einzigen Kamera festgelegt war, konnte man tatsächlich deren Einsatz in schneller Folge von jedem Punkt im Raum aus anbieten. Ich möchte am Ende der Vorlesung zeigen, dass dies in Wirklichkeit eine begrenzte und begrenzende Vorstellung vom filmischen Stil des Stummfilms ist. Dennoch ist sie wichtig, deshalb werde ich kurz die Argumente dazu vortragen und dann auf den Film THE BATTLE AT ELDERBUSH GULCH zu sprechen kommen.

Die Montage wurde, wie ich bereits sagte, als die große historische Entwicklung im filmischen Stil betrachtet. Als man begriff, dass die Kamera nicht unverrückbar an jenem einen Fleck stehen muss, als man begann, längere Filme zu drehen, bei denen die Kamera Spielraum hatte, so lautet die These, konnte man den perfekten Überblick schaffen, den perfekten Informationsfluss durch Montage, indem man zuerst die eine Sicht zeigte, dann eine andere, dann noch eine weitere. Die orthodoxe Filmgeschichte möchte uns, wie schon angedeutet, die Geschichte (*story*) von der schrittweisen Entdeckung der Montage weismachen. Ich werde anhand einiger kurzer Beispiele auf Video vorführen, wie man diese Geschichte (*story*) erzählte, die ubrigens mehrere Generationen lang Standard blieb. Ich denke, viele sind mit ihr vertraut, darum werde ich sie nur mit einigen kurzen Beispielen streifen. Im Mittelpunkt stehen drei berühmte Namen, die Namen dreier Regisseure, die nach allgemeiner Auffassung nacheinander Schritt für Schritt die großen Möglichkeiten der Montage entdeckten.

Fangen wir mit George Méliès (1861–1938) an, dem ›Zauberer‹, der durch den spielerischen Umgang mit der Kamera zwei sehr wichtige Montagetechniken entdeckte: einmal, dass es möglich ist, die Kamera mitten in einer Aufnahme anzuhalten, um etwas aus der Einstellung zu entfernen und dafür etwas anderes einzuschieben, Umgruppierungen vorzunehmen, dann die Kamera wieder zu starten und so wie von Zauberhand geschaffene Veränderungen herbeizuführen. Das ist *eine* Art von Montage; wie wir heute wissen, hat Méliès seine Einstellungen auch ganz physisch durch Herausschneiden einiger Filmbilder bearbeitet,

Abb. 1

Abb. 2

Abb. 3

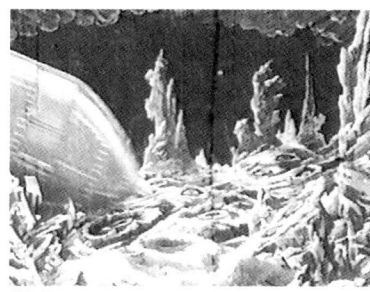

Abb. 4a

Abb. 4b

Abb. 5

Abb. 6

weil infolge des Anhaltens sowie des Wieder-Ankurbelns der Kamera immer einige unbrauchbare Filmbilder anfielen, die er entfernte. Die *zweite* von Méliès eingeführte Neuerung ist sein so genanntes ›verbundenes Tableau‹ (*linked tableau*), mit dem er in Form einer Folge miteinander verbundener Einstellungen eine Geschichte zu erzählen pflegte. Ein Beispiel dafür entnehme ich aus seinem 1902 gedrehten Film, LE VOYAGE DANS LA LUNE, einem seiner reifsten Filme, der heute noch viel gezeigt wird.

Wissenschaftler haben vor, mit einem Raumschiff zum Mond zu fliegen. Bemerkenswert ist die bildparallele Inszenierung in der Breite. Méliès hat wie bei einer *Chorus Line* die Menschen nebeneinander aufgereiht (Abb. 1), sodass ein Tiefeneindruck kaum entsteht. Méliès kommt bekanntlich vom Vaudeville, Kabarett, Zauber-Theater her. Nun die Verbindung zum nächsten Tableau: Auf eine Seitenansicht der Kanone im dem Moment, als sie mit der Raumkapsel, in der sich die Wissenschaftler befinden, geladen wird, folgt ein perspektivisch betonter Blick. Natürlich ist der Hintergrund nur gemalt, richtige Requisiten gibt es nicht (Abb. 2). Dennoch ist der Blickwinkel theoretisch ein anderer, da infolge der perspektivisch gemalten Kanone ein Fluchtpunkt im Weltraum entsteht. Mit Abschuss der Rakete erfolgt eine Überblendung. Bei der Landung auf dem Mond entsteht gewissermaßen ein *jump cut*, denn tatsächlich setzt die Rakete zweimal auf: einmal in der Totalen (Abb. 3) und dann nochmal in einer näheren Ansicht (Abb. 4a und 4b). Nach der Mondlandung beginnt Méliès seine Zaubertechnik einzusetzen: Er weist seinen Männern einen festen Platz zu, hält die Kamera an und verändert dann das Drumherum (Abb. 5 und 6). Häufig sind es nur Theaterrequisiten, die sich auf und ab bewegen, aber im Verlauf der Handlung setzt er vermehrt Kameratricks ein. All das wurde durch Manipulation der Kamera bewirkt, indem sie für Doppelbelichtungen zurückgedreht oder für die plötzlichen Veränderungen angehalten wurde.

Es folgt ein Ausschnitt aus einem Film des zweiten Mannes, der zu den Erfindern der Montage gezählt wird: Edwin S. Porter (1870–1941). Zu seinen größten Filmen zählt THE GREAT TRAIN ROBBERY aus dem Jahr 1903. Porter behauptete, als erster damit begonnen zu haben – was nicht wirklich stimmt –, eine Geschichte in kontinuierlicher Form (*continuity form*) – wie er es nannte – zu erzählen. Der Eindruck, dass die Einstellungen zum Zwecke bestimmter Wirkungen miteinander verbunden wurden, ist hier weit stärker. Wir begreifen sogleich, dass die Räuber, wenn sie den Pack- oder Postwagen mit den geraubten Geldsäcken verlassen (Abb. 1a und b), auf dem Weg zur Lokomotive sind. Der Tiefen-eindruck ist hier weit ausgeprägter als zuvor bei Méliès. Die Handlung entwickelt sich entlang der Kamera-Achse vor allem im Vordergrund. Da erfolgt nämlich eine Substitution à la Méliès: Ein liegender Schau-spieler (Abb. 2) wird durch eine Puppe ausgetauscht – *Jump cut* – (Abb. 3a), die vom Tender der Lok geworfen wird (Abb. 3b). Die Räuber zwingen den Lokführer zum Anhalten und springen auf der Seite hin-aus (Abb. 4). Jede Einstellung, die wir sehen, ist räumlich mit der an-deren verkettet, da es sich jeweils um benachbarte Räume handelt.

Interessant finde ich eine zunächst bildparallele Inszenierung wie bei Méliès: die in der Breite aufgereihten Zugpassagiere (Abb. 5a). Porter möchte aber ein bestimmtes Ereignis hervorheben, und dazu bedient er sich der uns schon bekannten Technik einer Bewegung zur Kamera hin. In dem Augenblick, als eine neue Information hinzukommt, rückt er diese erst in den Mittelpunkt und lässt den flüchtenden Reisenden dann in den Vordergrund laufen, wo er erschossen wird (Abb. 5b). Man ge-winnt hier eine erste ungefähre Vorstellung davon, wie diese bildparal-lele Inszenierung sich mit einer Tiefeninszenierung vertragen kann, wie wir sie schon bei Lumière gesehen haben.

Nachdem Postwagen und Reisende ausgeraubt worden sind, entwickelt Porter im späteren Teil der Handlung etwas anderes: Wir sehen die Stadtbewohner beim Feiern, in völliger Unkenntnis des Geschehenen (Abb. 6). Hier tut nun Porter etwas, das bekanntlich für das nachfol-gende Kino einige Bedeutung gewann. Er bedient sich der so genann-ten alternierenden Montage. Die Feiernden erfahren von dem Überfall, dann wird augenblicklich auf die flüchtende Räuberbande geschnitten (Abb. 7). Wiederum ist in dieser Szene die Bewegung aus dem Hinter- in den Vordergrund zu beachten. Schließlich setzt sich dies in einer al-ternierend geschnittenen Szene über Verfolger und Verfolgte fort.

Abb. 1a

Abb. 1b

Abb. 2

Abb. 3a

Abb. 3b

Abb. 4

Abb. 5a

Abb. 5b

Abb. 6

Abb. 7

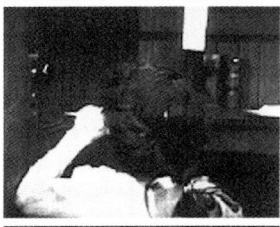

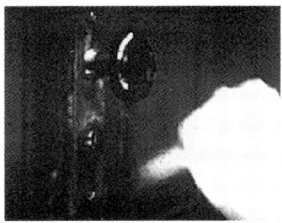

THE GIRL AND HER TRUST

Der dritte große Neuerer ist D. W. Griffith (1875–1948). Er übernimmt die visuellen Techniken der Montage zwischen verbundenen (*linked*) Tableaux von Méliès; von Porter die Technik der alternierenden Montage, die Verkettung der benachbarten Räume und das Zeigen gleichzeitiger Handlungen im Vorder- wie tieferen Hintergrund. Er nutzt diese Vorgaben zur Weiterentwicklung in verschiedene Richtungen, etwa zu einer Verfeinerung des Konzepts der alternierenden Montage wie in THE BIRTH OF A NATION, worin eines der berühmtesten Beispiele dieses besonderen Stils der alternierenden Montage in der Szene zu sehen ist, in welcher der Ku Klux Klan zur Rettung einiger weißer Südstaatler reitet, die in einer Blockhütte belagert werden. Die Schnitte wechseln zwischen den reitenden Rettern und den Siedlern, die versuchen, sich der plündernden Schwarzen zu erwehren.

Berühmt wurde Griffith auch für die so genannte analytische Montage, bei der die Szene in nähere Einstellungen zergliedert wird. Im Film THE GIRL AND HER TRUST, der im Jahre 1912 entstand, etwa in der gleichen Zeit wie THE BATTLE AT ELDERBUSH GULCH, sehen wir Diebe, die versuchen, ins Telegrafenamt einzubrechen. Es erfolgt ein Schnitt von den Dieben draußen auf die junge Frau drinnen, die gerade dabei ist, irgendetwas – wir sehen nicht so recht, was – aus einer Schublade zu nehmen. Tatsächlich wird sie versuchen, die Verbrecher am Eindringen in das Zimmer zu hindern. Sie läuft zur Tür, und in dem Moment macht Griffith etwas für diese Zeit Ungewöhnliches: Er schneidet auf eine nähere Einstellung dieser Tür mit diesem Knauf um (Abb.), auf die die jungen Frau zugeht. Ich erkläre kurz, was sie zu ihrer Verteidigung unternimmt: Sie schiebt eine Gewehrkugel mit Hilfe eines Schraubenziehers ins Schlüsselloch und bringt anschließend mit einem Hammer, mit dem sie

26

auf den Griff des Schraubenziehers schlägt, die Patrone zur Explosion. Ich bin mir nicht sicher, ob man so etwas in Wirklichkeit machen kann, aber in Griffiths Filmen passiert so manches, was eigentlich nicht möglich ist. Nach dieser schon näheren Einstellung auf die junge Frau im Zuge der ›Ladung des Schlüssellochs‹ folgt noch eine Großaufnahme des Türknaufs, der Kugel im Schlüsselloch und der Frauenhand, die sich zum Schlag nähert. Also wird behauptet, Griffith habe nicht nur der alternierenden Montage neue Möglichkeiten abgewonnen, sondern auch der so genannten analytischen Montage – diesem stückweisen Einschieben von Details. Und weiter wird behauptet, er sei der große Wegbereiter des modernen Kinos der Kontinuität gewesen.

Ein Ausschnitt aus einem Film der Zwanzigerjahre zeigt aber ebensolche Qualitäten, deren Herausarbeitung man gewöhnlich Griffith zuschreibt. Er stammt aus einem weit reiferen Film als Griffiths, aber die Voraussetzungen sind im wesentlichen die gleichen. Es geht um den Film GIRL SHY mit Harold Lloyd. Ich werde mich auf seinen Anfang beschränken. Im Grunde handelt es sich hier um eine Weiterführung jener Techniken, die wir bei Méliès, Porter und Griffith gesehen haben.

Es ist das Jahr 1925. Zu dieser Zeit hatten die amerikanischen Filmemacher bereits einige Finesse beim Montieren entwickelt. Der Film beginnt, wie amerikanische Filme so häufig, mit einem *establishing shot* des Zimmers, Gebäudes oder Bereichs, in dem die Handlung stattfindet. Mit Überblendung springen wir zu einer Naheinstellung. Überflüssig, zunächst eine totale Einstellung – wie bei Griffith –, dann eine nähere und noch nähere zu zeigen. Der Mann, den man sieht, ist Harolds Onkel (Abb. 1). Es wird auch deshalb mit einer Naheinstellung auf ihn begonnen, weil sich beim Zurückschneiden in die Totale ein Gag ergibt. Der Onkel ist dabei, die Hose des Jungen zu flicken, während dieser sie noch anhat (Abb. 2). Wir können aus verschiedenen Kamerapositionen und Winkeln auf den Jungen schneiden und ihn umkreisen (Abb. 3). Im übrigen kön-

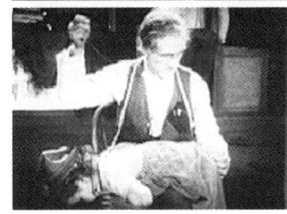

Abb. 1 – 3

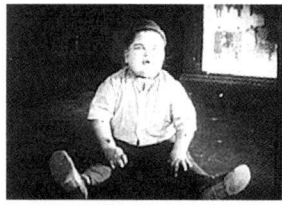

Abb. 4 – 8

nen wir mit Detailaufnahmen fortfahren (Abb. 4). Die Kamera hat also erheblich größeren Spielraum gewonnen. Zurück zu einem *establishing shot* geht man beim Auftreten einer neuen Figur (Abb. 5). Die eingetretene Frau will eine fertiggestellte Hose abholen, geht in den hinteren Bereich des Zimmers (Abb. 6), um sie sich zwischen diversen Exemplaren herauszusuchen. Eine nähere Einstellung begleitet sie dabei (Abb. 7a). Wiederum ergibt sich ein Gag, indem sich die im folgenden angefasste Hose als eine erweist, in der Harold steckt (Abb. 7b), wobei auch hier die Einstellungsgröße genau auf den Gag abgestimmt ist. Auf diesen *re-establishing shot* folgt eine Naheinstellung auf Harold (Abb. 8), der im Gespräch mit Frauen dermaßen gehemmt ist, dass er stottert. Dann ein so genannter Schuss/Gegenschuss, bevor wir in eine Totale (*mastershot*) zurückgehen und dasselbe Schema sich wiederholt. Diese rhythmisch angelegte Ganzheit (*totality*) – die ganze Szenerie, nähere Einstellungen, Zergliederung der Szene, zurück zu einer neuen Totalen, sobald neue Informationen eingeführt werden – wird zu diesem Zeitpunkt ein sehr gebräuchliches Muster des konventionellen filmischen Stils. Man nennt das im Allgemeinen *analytische* Montage.

Die sowjetischen Filmemacher der Zwanzigerjahre jedoch entdecken im Gegensatz zu den amerikanischen, die es mit der *continuity* halten, eine andere Möglichkeit, die ihnen der Erforschung wert scheint. Im Allgemeinen wird deren Verfahren der analytischen Montage gegenübergestellt und nennt sich *konstruktive* Montage. Das heißt, anstatt in einer Totalen die Gesamtheit des Raums zu zeigen, wird es einfach dem Zuschauer überlassen, sich anhand von Ausschnitten ein Bild vom Gesamtraum zu machen. Man zeigt also nur Details, und der Zuschauer schließt aus ihnen, wie die Gesamtheit aussieht. Zur Illustration dieses Prinzips möchte ich einen Ausschnitt aus Kuleshovs erstem Film, PROEKT INSHENERA PRAJTA (DAS PROJEKT VON INGENIEUR PRAJT) von 1918, heranziehen – es ist nur ein Fragment, da der Film in seiner Gänze nicht mehr existiert: Zwei Männer gehen auf der Straße (Abb. 1). Sie sehen einen Handschuh auf dem Gehsteig liegen. Schnitt auf den Mann, wie er den Handschuh aufhebt (Abb. 2); dann, wie er nach oben blickt (Abb. 3); und schließlich, wie er die Frau hoch oben am Fenster entdeckt (Abb. 4). Es gibt also keinen umfassenden *establishing shot* auf die Frau am Fenster und die Männer unten auf der Straße. Stattdessen werden uns nacheinander nur Teile des Raums gezeigt, aus denen wir selbst das Gesamtbild erschließen.

Nachdem Kuleshov und Pudovkin sich mit diesem Verfahren gründlich auseinandergesetzt hatten, meinte Eisenstein, es noch weiterführen zu können, und forderte mit einem Film wie OKTJABR (OKTOBER), der 1928 fertiggestellt wurde, sozusagen: ›Wir können den Zuschauer doch

Abb. 1

Abb. 2

Abb. 3

Abb. 4

auch zwischen beliebigen Bildern Verbindungen herstellen lassen. Es brauchen keine einander ergänzenden Bilder aus angrenzenden Räumen zu sein.‹ Folgerichtig unterbricht Eisenstein in einer berühmten Sequenz aus OKTJABR die Handlung zum Zwecke einer kleinen Meditation oder Dissertation, könnte man sagen, über die Idee von Gott und Vaterland. Kornilov und Kerensky haben ihre Truppen aufgerufen zum ›Kampf für Gott und Vaterland‹, wie sie beide behaupten, und Eisenstein unterbricht die Handlung beim Marsch auf Petrograd durch einen kleinen Exkurs zu der Frage: ›Was ist Gott? Was ist das für ein Name? Was bedeutet er?‹ Und dann zeigt er uns nur Standbilder, Figuren aus verschiedenen Kulturen zum Begriff Gottes und stellt sie ziemlich brutal nebeneinander. Auf das Totem der einen Kultur folgt das einer anderen (Abb. 1), und das in einem völlig undefinierten Raum – einem intellektuellen Raum eigentlich. Es wird diese und jene Gottesvorstellung betrachtet und gefragt, wie sie miteinander vergleichbar sind, und so geht es weiter bis zum christlichen Gott (Abb. 2), der neben die Gottesvorstellung einer anderen Kultur gestellt wird. Eisenstein schafft also eine ganze poetische, assoziative Sequenz, die die Handlung unterbricht, hinter der aber auch eine polemische Frage steht: ›Wenn all diese Repräsentationen Gott darstellen, was bedeutet Gott dann noch? Ist es möglich, dass Gott nichts weiter ist als ein kulturelles oder ideologisches Konstrukt?‹ Die Russen entdeckten also nicht nur die konstruktive Montage à la Kuleshov, sie entdeckten die intellektuelle Montage, und das beste Beispiel dafür ist natürlich diese Sequenz in OKTJABR.

Sie entwickelten auch die so genannte rhythmische Montage weiter. Das lässt sich an einer Sequenz aus einem von Pudovkins Filmen illustrieren, und hier ist zu beachten, dass Pudovkin die Komposition der Einstellung bei jeder Kadrierung verändert. Jedes Bild von einem Bohrvorgang unterscheidet sich ein bisschen vom folgenden. Es handelt sich hier im

Abb. 1

Abb. 2

30

Allgemeinen um Einzelbildeinstellungen (*one-frame-shots*), das heißt, jede Einstellung hat nur die Dauer eines Filmbildkaders, und das intensiviert die rhythmische Dynamik des Films ungeheuer – ein weiteres Merkmal des sowjetischen Modells.

Ich werde ein typisches Hollywood-Beispiel und einige Beispiele aus dem sowjetischen Kino heranziehen, um zu zeigen, welche Bedeutung die Montage in den Zwanzigerjahren für die allgemeine Vorstellung von filmischer Kreativität erlangte. Alternierende Montage, analytische, konstruktive, intellektuelle Montage – viele glaubten zu dieser Zeit, Mitte der Zwanzigerjahre, diese Techniken bildeten das Herzstück der Filmkunst, des bildnerischen Stils im Kino. Kino, behauptete man, sei als bildende Kunst auf die Montage gegründet, da die Montage das Problem der Ubiquität löse. Man könne den Informationsfluss zum Zuschauer von Moment zu Moment steuern. Jeder Schnitt biete einen neuen Blickpunkt. Die Begrenzung infolge des starren Auges sei aufgehoben. Wir könnten jederzeit nach Bedarf unsere Position wechseln, um eine erzählerische Information zu geben, um bestimmte Qualitäten des Ausdrucks oder einen intellektuellen oder rhythmischen Effekt zu erzielen. Kurz, man behauptete, die Montage sei das Fundament der Filmkunst, und es besteht heute noch eine Tradition, die an dieser Prämisse festhält.

Ein Beispiel möchte ich in aller Kürze mit einem Ausschnitt aus einem Hongkong-Film mit dem Titel FONG SAI-YUK aus dem Jahre 1993 von Yuen Kuei zitieren. Alle Lektionen Griffiths und der Sowjets, insbesondere Kuleshovs, sind hier meisterhaft umgesetzt. Der Hongkong-Film ist populäres Kino, aber auch Montage-Kino großer Virtuosität. In aller Kürze lässt sich inhaltlich über diese Sequenz sagen, dass es hier darum geht, dass ein junger Mann von einer äußerst gewandten Kung-Fu-Kriegerin zum Kampf herausgefordert wird und das Messen der beiden am Ende nicht auf dem Podium stattfindet, das für den Kampf bestimmt ist, sondern unter den Zuschauern, ja, *auf* den Köpfen der Zuschauer.

Zunächst beginnt der Kampf auf dem Podium. Wir haben den perfekten Schnitt auf die Bewegung, wie bei Griffith in der Szene mit dem Schraubenzieher aus THE GIRL AND HER TRUST. Der Schnitt ist genau auf die Handlung abgestimmt. Die Kampfregel schreibt vor, dass die Füße den Boden nicht berühren dürfen. Alles wird über konstruktive Montage aufgebaut: Die Kontrahenten sehen einander an infolge eines *eye-line-cut*, aber sie werden nicht in derselben Kadrierung eingeführt. Schuss/Gegenschuss à la Hollywood und rein konstruktive Montage

Fong Sai-Yuk

nach Kuleshov wechseln sich ab. Man sieht ihren Oberkörper (Abb. links), dann ihren Unterkörper (Abb. rechts), aber niemals Körper und Kopf zu gleicher Zeit. Das Ereignis wird gänzlich in der und durch die Montage konstruiert.

Jetzt können wir die allgemeine Geschichte, die ich über die Entwicklung der Montagetechnik erzählt habe, zurechtrücken, und viele Filmhistoriker sind heute dabei, die Verdienste neu zuzuschreiben. Es ist beispielsweise gut möglich, dass Griffith nicht der große Neuerer war, als den manche Leute ihn gern sähen. Manch einer würde sicherlich darauf hinweisen, dass andere Regisseure sich genau mit dem Stil der Montage auseinandergesetzt haben, der traditionell als Griffiths Domäne gilt,

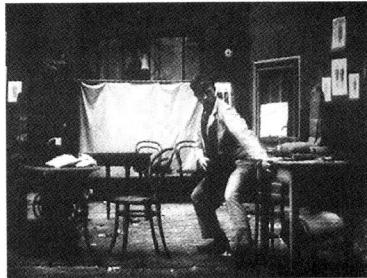

Abb. 1

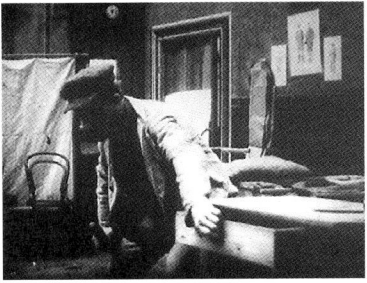

Abb. 2a

und dass einige von ihnen wahrscheinlich sogar besser waren als er. Oskar Messters Film GESTOHLENER HUNDERTMARKSCHEIN, der 1910 gedreht wurde, ist ein Beispiel für sehr sorgfältige Montage. Zuerst haben wir den *establishing shot* (Abb. 1), aber dann einen sehr eleganten Schnitt auf den Mann, wie er die Schublade öffnet (Abb. 2a) und noch in derselben Einstellung das Geld wegnimmt (Abb. 2b). Erst dann geht die Kamera in einer neuen Einstellung wieder zurück, als er verschwindet (Abb. 3).

Auch Kuleshovs konstruktive Montage wurde bereits im amerikanischen populären Kino angewendet, ohne sie jedoch theore-

tisch zu begründen, wie Kuleshov
das tat, aber es gab sie ganz gewiss.
Ich verweise in diesem Zusammenhang nur auf THE LOAFER
von Arthur Mackley, einen Film
aus dem Jahr 1911.

Abb. 2b

Dennoch kann der Film THE
BATTLE AT ELDERBUSH GULCH
meines Erachtens als Beispiel für
die meisterhafte Anwendung der
Techniken gelten, die dem Kino
in dieser Frühzeit zur Verfügung
standen. Man mag die Geschichte
des Kinos im Hinblick auf die
Entwicklung der Montagetechnik
umschreiben wie man will, Griffith wird immer eine zentrale Stellung in ihr einnehmen. Kommen
wir zu den Montageprinzipien des
oben genannten Films: Das ganze

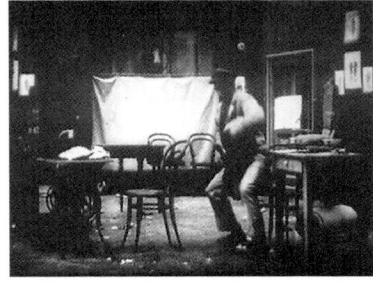

Abb. 3

Drama basiert im Grunde auf alternierender Montage. Es gibt, während
die Leute in der Hütte kämpfen, die klassische Situation der Rettung in
letzter Minute, für die Griffith berühmt ist. Ich sehe den Film als eine
Art Übung für THE BIRTH OF A NATION und das Schneiden auf benachbarte Räume (*adjacent spaces*). Die Hütte besteht beispielsweise aus
einer Flucht miteinander verbundener Räume, die beinahe an die geschlossenen Güterwagen (*box cars*) eines Zugs erinnern. Man kommt
von der Vordertür aus herein (Abb. links unten), geht ins große Zimmer (Abb. rechts unten) und kommt danach in den kleinen Bereich, wo

THE BATTLE AT ELDERBUSH GULCH

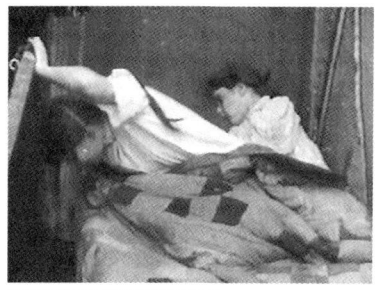

die Mädchen schlafen (Abb. links oben), und schließlich kann man die Hütte durch die kleine Luke verlassen, die auf der anderen Seite für die Hunde ausgeschnitten wurde (Abb. rechts oben): Das ergibt lauter bildparallel aneinander gereihte Räume. Aber Griffith versteht sich auch auf die analytische Montage; da gibt es zum Beispiel einen *master shot* während der Belagerung, aus dem heraus auf Lillian Gish geschnitten wird, die sich hinter den Männern am Fuß der Treppe befindet und nach ihrem Baby schreit.

Entwickelt hat Griffith aber auch den gezielten Umgang mit dem Blickwinkel, die Möglichkeiten, Handlung und Wissen der Figuren miteinander zu koordinieren. Wie bei ANATOMY OF A MURDER schon gesagt, wird stets der Blick des Zuschauers das Wichtigste sein; für ihn ist das Geschehen inszeniert worden. Manchmal jedoch kann auch der Blickwinkel der Figuren übernommen werden. Nehmen wir ein Beispiel. Das Prinzip der benachbarten, angrenzenden Räume (*adjacent spaces*) hat Griffith also gemeistert. Wir brauchen nicht mehr den gesamten Raum zu sehen, sondern nur einen Teil hier und einen Teil dort. Ein Schnitt auf die ältere Schwester, wie sie hinter den Männern die kleinen Hunde und ihre jüngere Schwester in einer Truhe versteckt (Abb. 1). Dann zeigt Griffith uns mittels alternierender Montage, was in der Hütte und was draußen geschieht. Und wieder die Vorder-Hintergrund-Interaktion: Menschen laufen aus der Ferne in den Vordergrund; der Mann, der das Baby retten will, stürzt vorn im Bild (Abb. 2). Dann schaut die ältere Schwester durch das kleine Loch in der Wand (Abb. 3), der Mann versucht wieder aufzustehen (Abb. 4a), macht sogar noch auf sich aufmerksam, indem er sein Bein in die Höhe wirft (Abb. 4b). Das ist großartig gemacht. Wir haben das Baby gesehen (Abb. 5), Umschnitt auf eine nähere Einstellung des Babys (Abb. 6), dann Schnitt auf die ältere Schwester. Wir erkennen, dass sie das Baby gesehen hat (Abb. 7). Bei die-

Abb. 1

Abb. 2

Abb. 3

Abb. 4a

Abb. 4b

Abb. 5

Abb. 6

Abb. 7

35

Abb. 8

Abb. 9

Abb. 10

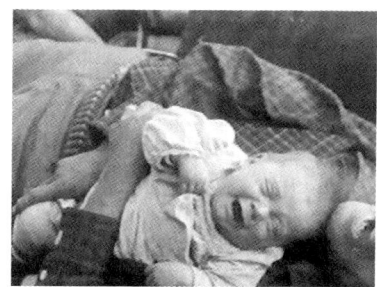

Abb. 11

Abb. 12

Abb. 13

Abb. 14

Abb. 15

Abb. 16

Abb. 17

Abb. 18

Abb. 19

ser vorherigen Großaufnahme wurde quasi ihr Blickwinkel übernommen. Danach kann sie in ihr Zimmer zurückkehren (Abb. 8), und Griffith schneidet auf seinen *establishing shot*, das Haus von außen, zurück, um uns zu zeigen, wie sie auf dem Weg zum Baby um das Haus wird herumgehen müssen (Abb. 9). Jetzt denkt sie nochmals an das Baby (Abb. 10), und wir sehen deshalb das weinende Kind (Abb. 11). Sie schlüpft durch die Luke hinaus (Abb. 12) und geht, wie erwartet, außen um das Haus herum. Griffith macht einen Schnitt, um auf die Gefahr hinzuweisen, die von der Belagerung durch die Indianer ausgeht (Abb. 13). Sie aber erreicht die Hausecke (Abb. 14), Zwischenschnitt auf die schießenden Siedler im Innern der Hütte (Abb. 15), sie nähert sich unter deren Feuerschutz dem Kind und reißt es an sich. Griffith schneidet auf eine nähere Einstellung um, damit wir es genau sehen können (Abb. 16). Zurück zum *master shot* (Abb. 17), und dann eine großartige Einstellung auf sie, wie sie sich der Kamera nähert (Abb. 18). Er erhöht die Spannung, indem er auf einen anderen Bereich umschneidet, und zeigt in Kreisblende den Mann, der wegreitet, um die Kavallerie-Truppe zu holen (Abb. 19), und sie kehrt schließlich durch die Luke zurück. Das ist alles sehr typisch und zeigt, in welchem Maß Griffith bis zu diesem

Zeitpunkt seine Montagetechniken verfeinert hatte. Er vermag eigentlich fast alles mit ihnen auszudrücken.

Beinahe übersehen jedoch wurde von frühen Kommentatoren Griffiths Umgang mit dem Raum innerhalb der Einstellung. Über seinem Ruhm als Neuerer auf dem Gebiet der Montage vergaßen viele Leute, dass er als Regisseur zwangsläufig immer auch vor der Aufgabe stand, die Geschehnisse in Zeit und Raum zu organisieren. Mit anderen Worten, er hatte das Problem der perspektivischen Wiedergabe zu bewältigen. Viele seiner Interieurs besitzen wenig Weiträumigkeit, ganz im Unterschied

Abb. 1

Abb. 2a

Abb. 2b

Abb. 2c

Abb. 2d

Abb. 2e

zu seinen Außenräumen. Häufig inszeniert er in extremer Tiefe, wie etwa in der Szene, wo Lillian Gish, die Mutter, auf der Suche nach ihrem Kind nach vorn, zur Kamera, kommt (Abb. 1), während im Hintergrund ein Schusswechsel zwischen einem der Siedler und einem Indianer stattfindet. Oder in der Szene, wo die Familien mit derselben Postkutsche in der Stadt eintreffen; man sieht die Postkutsche kommen (Abb. 2a), wieder nach dem klassischen Muster der Vorwärtsbewegung aus dem Hintergrund (Abb. 2b), dann steigen die verschiedenen Personen aus, die in dem Drama eine wichtige Rolle spielen werden: der Ehemann (mit Melonen-Hut) hilft seiner Frau und dem Baby heraus (Abb. 2c). Kurz darauf werden die beiden Schwestern von ihrem Verwandten begrüßt (Abb. 2d). Hier haben wir eigentlich zum erstenmal diese Interaktion, die beide Gruppen, das Ehepaar mit seinem Baby und die beiden Schwestern mit dem Verwandten zusammenbringt (Abb. 2e), die später beim Indianerüberfall wiederum eine Schicksalsgemeinschaft bilden.

Eine der aufregendsten Einstellungen in diesem Film ist für mich schließlich jene lang andauernde (*sustained*), in der der alte Siedler der Mutter berichtet, dass sie fliehen müssen, weil die Indianer kommen. Natürlich gilt ihr erster Gedanke ihrem Kind. Griffith greift hier nicht zur Montage. Er hätte auf eine Naheinstellung ihres Gesichts umschneiden können, um seinen Ausdruck hervorzuheben, aber er bedient sich stattdessen des altbewährten Mittels der diagonal verlaufenden, stürmischen Vorwärtsbewegung, um einen starken dynamischen und explosiven Eindruck von ihrem Schmerz zu geben. Sie hört also den Bericht des Siedlers (Abb. 3a) und läuft daraufhin von rechts hinten nach links vorne schräg auf die Kamera zu (Abb. 3b). Der Mann packt sie, ›Nein, da können Sie nicht hin, da sind die Indianer. Wir müssen fliehen.‹ Er reißt sie ein erstes Mal zurück, doch sie lässt sich nicht halten

Abb. 3a   Abb. 3b

Abb. 3c

Abb. 3d

und fliegt uns förmlich entgegen (Abb. 3c), bevor der Siedler sie mit aller Macht ein zweites Mal zurückholt (Abb. 3d). Wie gesagt, Griffith hätte ihren Gesichtsausdruck durch einen Schnitt auf sie genauso hervorheben können, aber wieviel mehr Dynamik steckt in dieser heftig wogenden Bewegung zur Kamera hin. Der mehr mental erfasste Raum der alternierenden und der konstruktiven Montage wird also in THE BATTLE OF ELDERBUSH GULCH ergänzt durch die konkreteren Räume: der seitlich aneinander gereihten Räumlichkeiten der Hütte einerseits – und der Tiefe, dieser dynamischen Tiefe andererseits, die jederzeit in Richtung zum Zuschauer explodieren kann. Wie so viele von Griffiths Filmen ist THE BATTLE OF ELDERBUSH GULCH eine Mischung aus verschiedenen Darstellungsmöglichkeiten (*representational options*) und verschiedenen Stilmitteln (*stylistic schemas*), die zu besonderen Zwecken eingesetzt werden, etwa um die Spannung zu erhöhen, unsere Aufmerksamkeit auf dies oder jenes zu lenken oder, in einigen Fällen, um einen dynamischen, rhythmischen Effekt zu erzielen.

Dieser Inszenierungsstil ruft einige meiner einführenden Bemerkungen über die grundlegenden Eigenschaften des Filmbilds zurück ins Gedächtnis. Führen wir uns noch einmal die Szene vor Augen: Sie reißt sich los, er packt sie wieder, und sie reißt sich von neuem los. Die Verfechter der Montage als Herzstück des Kinos neigten dazu, diese Art des Umgangs mit dem Raum als theaterhaft zu verwerfen, und man kann heute noch die Auffassung hören, das Kino habe einen echten Schritt nach vorn gemacht, als es etwas von seiner Theaterhaftigkeit ablegte, da die ersten 15 oder 20 Jahre Kino theatralisches Kino gewesen seien. Dann sei die Montagetechnik entdeckt und das *wahre* Kino begründet worden.

Ich halte dies jedoch für ein Missverständnis: Gerade wegen der perspektivischen Natur des Filmbilds, gerade weil der Raum in ihm sich auf das Kameraobjektiv bezieht, unterscheidet sich Kino wesentlich vom Theater. Man stelle sich eine Theaterbühne vor, ein Theater voller Zuschauer – damit jeder sehen kann, muss stark in die Breite inszeniert werden. Ausgeklügelte Tiefenanordnungen, bei denen manche Figuren andere verdecken, scheiden aus, weil es im Theater viele unterschiedliche Sichtlinien gibt: Was vielleicht für Zuschauer, die auf der linken Seite sitzen, nicht sichtbar wäre, könnten diejenigen auf der anderen Seite sehr gut sehen. Im Kino gibt es dieses Problem der unterschiedlichen Sichtlinien nicht; genauer gesagt, es gibt nur eine Sichtlinie, nämlich die der Kamera (Abb.). Im Theater hat man also einen sehr breiten Büh-

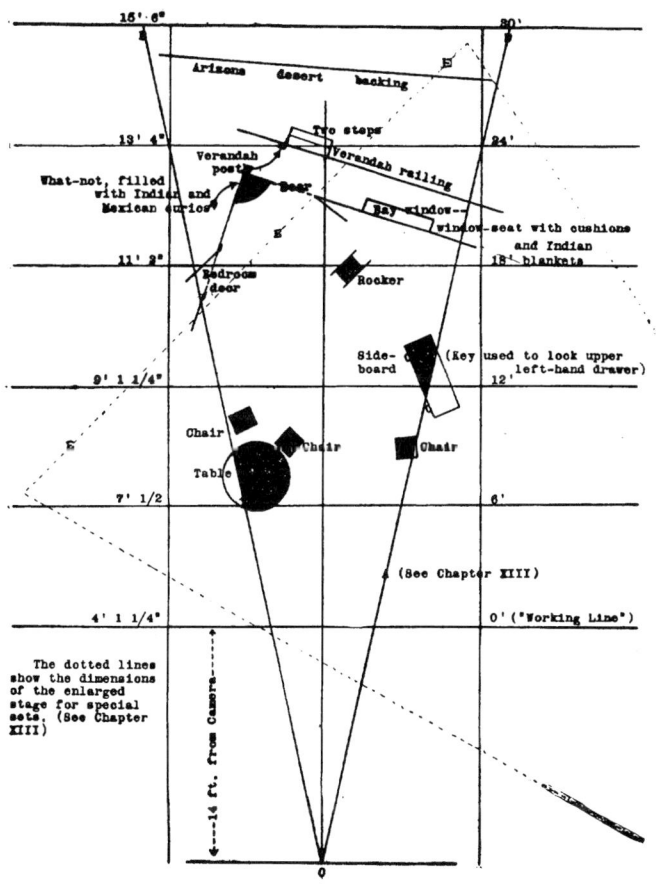

Abb. aus: J. Berg Esenwein / Arthur Leeds: *Writing the Photoplay.* Springfield, MA: Home Correspondance School, 1913.

41

nenraum, der einem Fächer vergleichbar wäre, dessen Lamellen von allen Sitzen der Zuschauer ausgehend im Bereich der Bühne zusammenlaufen, sodass von allen Blickpunkten des Zuschauerraums der Bühnenraum eingesehen werden kann. Im Kino jedoch ist der Raum dem Blick der Kamera entsprechend verengt. Das, was man durch das Objektiv sehen kann, ist eine Art auf den Kopf gestellter visueller Pyramide, die sich vom Objektiv ausgehend mit zunehmender Tiefe sowohl der Breite als auch der Höhe nach erweitert.

Viele Filmemacher waren sich dessen ganz und gar bewusst. Die meisten wussten, dass das Kameraobjekt nur ein relativ schmales Gesichtsfeld hat, das aber weit in die Tiefe reicht. Leute wie Kuleshov und andere seiner Zeit haben sich mit dieser Tatsache auseinandergesetzt, die bedeutet, dass sich die bespielbaren Räume, die Räume, in denen die Handlung stattfindet, bei Theater und Kino *wesentlich* unterscheiden. Im Kino ist dieser bespielbare Raum ein Pyramidenstumpf, weil das Kameraauge einen Gegenstand ab einer bestimmten Nähe zum Objektiv nicht mehr scharf erfassen kann. Die Schauspieler können also nur bis zu einem gewissen Punkt an die Kamera herankommen, wenn das Bild nicht unscharf werden soll. Wenn man für das Kino inszeniert, und das gilt auch heute noch in vollem Umfang, jongliert man mit einem sehr schmalen keilförmigen Raumausschnitt vor der Kamera. Darum wurden Filmstudios in zunehmendem Maß schlauchförmig gebaut, als schmale Rechtecke, damit die Kamera in die Tiefe blicken konnte.

Dieser Blick in die Tiefe eröffnet jedoch neue Gestaltungsmöglichkeiten. Er gestattet vor allem einen hierarchischen Aufbau der Informationen; wenn man in die Tiefe inszenieren muss – und vor diesem Problem standen Lumière und alle Filmemacher seiner Zeit –, muss man die Informationen hierarchisch anordnen. Was ist wichtig? Eine Grundregel ist, je näher der Kamera, desto wichtiger – je weiter entfernt, desto weniger wichtig. Um also das Gefühl entstehen zu lassen, dass gerade etwas Bedeutsames geschieht, lässt man das Ereignis in der Tiefe beginnen und rückt es in den Vordergrund. Dadurch fällt es stärker ins Auge und zieht die Aufmerksamkeit auf sich.

Dank der Tiefeninszenierung kann man die Figuren im Raum sehr präzise anordnen. Das heißt, wenn man zwei Figuren etwa schräg hintereinander stellt, bedarf es nur eines kleinen Schritts der einen, um die andere zu verdecken, und umgekehrt bedarf es nur eines kleinen Schritts der vorderen Figur, um die, welche unmittelbar hinter ihr steht, sichtbar zu machen. Man kann also mit Nuancen arbeiten, was im Theater im Grunde nicht möglich ist. Wenn dort zwei Schauspieler unmittelbar hintereinander stehen, bliebe der hintenstehende vielleicht für die Zuschauer in der Mitte unsichtbar, nicht aber für die, die an den Seiten sitzen. Also, es zählt im Kino einzig das Auge der Kamera, und der Blick in die Tiefe, den es bietet, erlaubt beim Anordnen der Figuren große Präzision.

Tatsächlich begannen die Regisseure des Stummfilms etwa zur gleichen Zeit, als sie sich der Möglichkeiten der Montage stärker bewusst wurden, diese andere Möglichkeit, die wir vielleicht Präzisionsinszenierung nennen können, zu erforschen. Der wichtigste Film im Hinblick darauf ist wahrscheinlich L'ASSASSINAT DU DUC DE GUISE von Le Bargy, 1908 gedreht, im selben Jahr, als Griffith seinen ersten Film machte. Dieser außergewöhnliche Film wurde von den Verfechtern der Montage-Ästhetik heftig kritisiert mit der Begründung, er sei ›theatralisch‹. Es gibt keine Einstellungswechsel zu näheren Positionen (*cut-ins*); es gibt einander anschließende Szenen (*adjacent scenes*), aber das ist so ziemlich alles. Wenn man ihn jedoch hinsichtlich der Frage betrachtet, wie die visuelle Pyramide genutzt wurde, ist er durchaus aufschlussreich. Nur eine Beispielszene: Der Herzog tritt durch eine Tür im Hintergrund (Abb. 1a). Die anderen Personen im Raum sind sehr überlegt angeordnet. Er kommt nach vorn in Richtung Kamera (Abb. 1b) und zieht die Aufmerksamkeit auf sich: Er ist im Mittelpunkt von vorn zu sehen und wirkt sehr groß, weil die Kamera im Vergleich zu anderen möglichen Positionen ziemlich niedrig steht, aber gleichzeitig versperrt er unseren Blick auf das, was hinter ihm vorgeht. Wir können nicht sehen, was da geschieht, womit der Charakter des Komplotts unterstrichen wird. Erst als der Herzog zur Seite tritt, wird sichtbar, dass jemand an der Tür Platz genommen hat, um den Ausgang zu blockieren (Abb. 1c). Dieser Film lehrt uns, dass viele Regisseure sich nicht unbedingt auf die Montage verlegten, sondern sich eher auf sehr komplexe bildparallele und tiefenperspektivische Inszenierungen verließen.

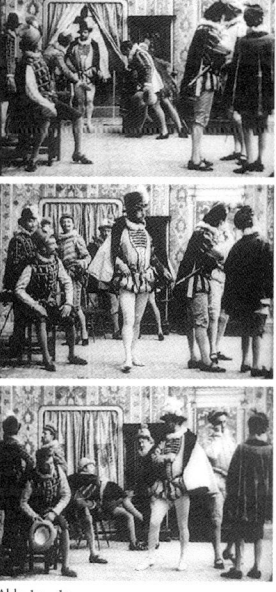

Abb. 1a – 1c

43

Ehe ich auf INGEBORG HOLM zu sprechen komme, möchte ich noch auf einen Ausschnitt und ein Beispiel der soeben beschriebenen Strategie verweisen. Der Ausschnitt umfasst die Eröffnungsszene aus einem großartigen Film von Louis Feuillade, LES VAMPIRES von 1915. Feuillade ist einer der Meister der Präzisionsinszenierung; alles geschieht durch genauestens überlegte Manipulation der Figuren in der Tiefe. Hier sehen wir also Philippes Büro. Philippe ist durch die Tür im Hintergrund eingetreten und spricht mit seinen Kollegen. Man beachte den schwarz gekleideten Mann links im Hintergrund, Mazamette, denn er wird

Abb. 1a

Abb. 1b

Abb. 1c

Abb. 1d

Abb. 1e

Abb. 1f

wichtig (Abb. 1a). Philippe geht an seinen Schreibtisch und verdeckt in diesem Moment seine Kollegen, die nicht so wichtig sind (Abb. 1b). Mazamette, links, steht just in dem Moment auf, als Philippe sich vor seinem Schreibtisch aufrichtet, nachdem er das Verschwinden der Akten entdeckt hat (Abb. 1c). Als er nach deren Verbleib fragt, will Mazamette, in der Ferne zentriert, sich verdrücken (Abb. 1d). Mazamette wird zurückgerufen (Abb. 1e). Nachdem Philippe einen seiner Kollegen zwischenzeitlich verdeckt hat, muss dieser sich nach links herüber bewegen und steht nun im Hintergrund in der Mitte (Abb. 1f). Diese Interaktion wird zum zentralen Punkt. Es ist eine Choreographie; die Personen bewegen sich, um füreinander in diesem sehr schmalen Raum der visuellen Pyramide Platz zu machen. Zwischenschnitte gibt es nur zur Verdeutlichung von Details (die Familie Mazamettes auf dem Foto, die das Motiv für den Diebstahl bedeutet), doch im Grunde ist es eine Szene in einer Einstellung.

In der Zeit, in der Griffith die Montagetechnik entwickelte, macht in den USA eine andere Gruppe von Filmemachern von der Vitagraph – nicht der Biograph-Gesellschaft! – etwas Ähnliches wie Feuillade. Ich möchte auf den Film RED AND WHITE ROSES aus dem Jahr 1913 verweisen, den ich neben einer Passage aus LES VAMPIRES in einem meiner Bücher* erörtere. Ich halte diesen Film für außergewöhnlich, und er ist kaum bekannt. Es geht, grob gesagt, um eine Verführungsszene, die mit einer sehr komplexen Choreographie im Mittel- und Hintergrund inszeniert ist. Das Ganze funktioniert nach Prinzipien, die wir von Feuillade und anderen Franzosen kennen. Das Dienstmädchen geht hinten ab, während der Mann nach vorn kommt (Abb. 1a und 1b) und das Verführungsspiel beginnen kann: Er tritt nach rückwärts in den Schatten,

*David Bordwell: *On the History of Film Style*, Cambridge, Mass.; London, GB: Harvard University Press, 1997

Abb. 1a   Abb. 1b

Abb. 1c

Abb. 1d

Abb. 1e

Abb. 1f

Abb. 1g

Abb. 1h

Abb. 1i

um ihr zu erlauben, nach vorn zu kommen, sodass wir ihren Gesichtsausdruck erkennen können (Abb. 1c und 1d). Dann geht sie nach links und riecht an den Rosen (Abb. 1e). Kurz zum Verständnis der Handlung: Der ganze Film dreht sich um zwei Frauen; eine ist wie eine weiße Rose, die andere wie eine rote. Die rote Rose ist die Ehefrau, die weiße die Geliebte. Diese tritt in die Bildmitte zurück, zieht ihn zu sich und sagt, ›Ich bin eine weiße Rose‹. Er wendet uns gefälligerweise den Rücken zu, sodass wir gar nicht umhin können, unseren Blick auf sie zu richten, die hell beleuchtet mitten im Bild steht und uns ihr Gesicht zuwendet (Abb. 1f). Sie versucht, ihn zu verführen (Abb. 1g), er aber denkt, ›Nein, ich bin ein verheirateter Mann‹ und macht Anstalten zu gehen; sie lässt sich wieder in dem Sessel nieder, in dem sie anfangs gesessen hat und hält den Mann in einem weiteren Versuch an der Tür auf, und zwar in ähnlicher Art, wie Mazamette von Philippe an der Tür aufgehalten worden ist (Abb. 1h). Er bleibt stehen und dreht sich herum. Nun rückt *er* in unseren Blick, hell beleuchtet, in die Mitte gestellt, frontal. Und da er ein schwacher Mensch ist, erliegt er schließlich der Verlockung (Abb. 1i). Die gleiche Dynamik, Vordergrund-Hintergrund-Interaktion, dazu ständige bildparallele Bewegung, um die Handlung hervorzuheben, Wendungen der Figuren zum Zuschauer hin oder von ihm weg – Präzisionsinszenierung par excellence!

Ein weiterer Film aus dem Jahr 1913, INGEBORG HOLM, entstammt ebenfalls dieser Tradition. Wer den Film im Vorfeld dieser Vorlesung im Filmmuseum gesehen hat, wird bemerkt haben, dass die meisten Szenen in ein und derselben Kameraposition gedreht wurden, wenn auch gelegentlich durch Zwischenschnitte von Fotos oder gedrucktem Material unterbrochen. Sjöström musste seine Handlung natürlich mit größter Sorgfalt arrangieren, um diese exzellenten Auftritte (*performances*) zustande zu bringen. Er spricht von der Pyramide oder dem Trapez, wie von mir bereits erwähnt. Vor der Kamera wurden drei Holzleisten auf den Boden gelegt, um den Bereich abzugrenzen, in dem die Schauspieler sich bewegen mussten, um innerhalb der Kadrierung zu bleiben. Ich stelle mir das so vor: links eine schräggelegte Leiste, rechts eine und dann eine Leiste im rechten Winkel zur Objektivachse, also eine Art U, dessen Schenkel sich nach außen verlaufend verlieren. Das ist der bespielbare Raum; die Schauspieler durften weder näher herankommen, noch durften sie diesen Bereich verlassen, da die Kamera sie dann nicht mehr erfasst hätte. Dieser streng begrenzte Bereich bereitete den Bühnenschauspielern, die im Film arbeiteten, die größten Schwierigkeiten.

In INGEBORG HOLM werden die Mittel, die dem Filmemacher zur Verfügung stehen und ihm eigentlich schon seit Lumière zur Verfügung standen, meiner Meinung nach sehr sorgfältig und präzise genutzt, bis in jedes Detail und jede Nuance verfeinert: Verdecken, Enthüllen, Einhalten von Vorderansichten, minutiöse Verschiebungen. Ich will das mit einigen Beispielen belegen: Die Art und Weise, wie Sjöström denselben Raum in den verschiedenen Phasen von Ingeborgs Aufstieg und späterem Abstieg einsetzt, ist sehr subtil. In dem Laden, den sie zusammen mit dem korrupten Verkäufer betreibt, sehen wir diese tolle Registrier-

Abb. 1

Abb. 2

Abb. 3

kasse (Abb. 1), unübersehbar in der Mitte auf dem Verkaufstisch. Sie lässt uns jedoch ein wenig Raum, um Ingeborgs Kommen und Gehen im Hintergrund zu beobachten; die Wohnung ist nämlich direkt mit dem Laden verbunden. Später, wenn der Abstieg beginnt, wird die Registrierkasse auf dem Boden rechts unten abgestellt, sodass die von ihr zuvor teilweise verdeckte Tür nun besser zu sehen ist. Wir können die Interaktionen viel klarer erkennen (Abb. 2). In der vorherigen Anordnung begünstigte die Registrierkasse eine bildparallele Interaktion. Zu dem Zeitpunkt jedoch, als die Registrierkasse auf die Seite gerückt worden ist, bekommt die Handlung eine weit größere Dynamik und spielt sich mehr in der Diagonalen ab. Noch später, wenn das Geschäft wirklich schlecht läuft, steht die Registrierkasse wieder am alten Platz (Abb. 3). Allerdings ist jetzt der Laden in eine düstere Atmosphäre gehüllt. Es werden also durch sorgsame Positionsverschiebun-

48

gen der Dinge verschiedene Handlungsmomente im selben Raum herausgehoben.

Die besten Beispiele, die ich kenne, liefern die beiden Szenen im Waisenhaus, zwei sehr dicht (*tight*) und unglaublich fein inszenierte Szenen, in denen die Figuren durch winzige Stellungsänderungen wichtige Einzelheiten verbergen oder enthüllen. Beginnen wir mit der Szene, in der die Kinder im Waisenhaus abgeholt werden. Zuerst sehen wir den Direktor des Waisenhauses, dann kommt Ingeborg herein, im Begriff, ihre Kinder zur Adoption freizugeben (Abb. 1a). Sie kommt nicht durch die Tür hinten herein, sondern von der Seite, wo eine für den Zuschauer nicht sichtbare Tür ist. Nun tut Sjöström etwas Bemerkenswertes: Er plaziert den Sohn genau so, dass er den Direktor verdeckt. Der Junge rührt sich in diesem Abschnitt der Szene nicht von der Stelle, er versperrt uns unentwegt die Sicht auf den Direktor. Wir sehen in diesem ersten Teil der Szene also einzig Ingeborg und ihre Tochter. Und natürlich ist das Gesicht der Tochter von uns abgewandt, denn alle Information, auf die es ankommt, liegt im Ausdruck von Ingeborgs Gesicht (Abb. 1b), das – in der Mitte der Kadrierung – uns gut beleuchtet von vorn gezeigt wird. Es ist klar zu sehen im Gegensatz zu den Gesichtern des Direktors und des Jungen, die abgewandt sind. Sie drückt ihr Gesicht auf die Schulter des Mädchens. Nun ereignet sich etwas schier Unglaubliches: Genau in dem Moment, wenn im zentralen Bereich nichts zu sehen ist, kommt die erste Pflegemutter herein (Abb. 1c). Sie geht hinter

Abb. 1a

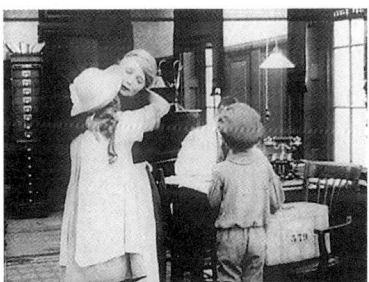

Abb. 1b

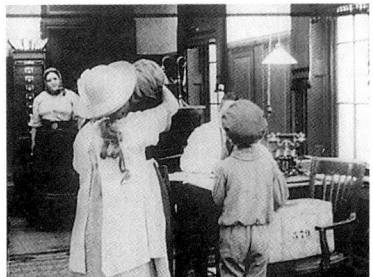

Abb. 1c

Abb. 1d

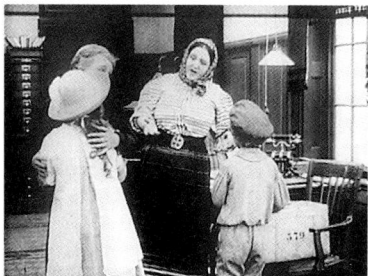

Abb. 1e

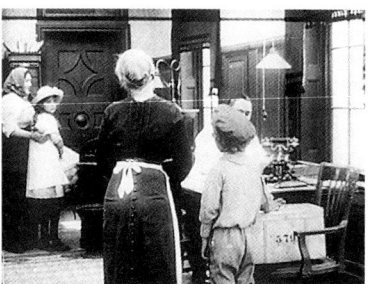

Abb. 1f

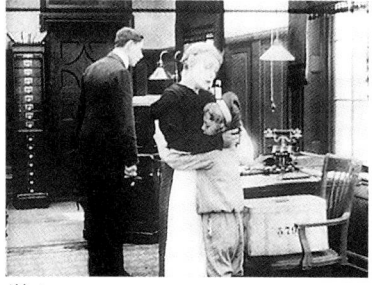

Abb. 1g

Ingeborg nach vorn; während sie sich uns nähert, bewegt sich der Kopf des Direktors ein klein wenig ins Bild, und Ingeborg hebt ihrerseits ein wenig den Kopf, während der Direktor nach den Unterlagen greift; der Junge steht weiterhin unbewegt (Abb. 1d).

Zum nun folgenden Vorgang haben mir Leute gesagt, ›Sjöström kann das nicht vorsätzlich so gemacht haben, es muss Zufall gewesen sein.‹ Doch an dieser Stelle treten Ingeborg und ihre Tochter *völlig unrealistisch* einen halben Schritt zur Seite. Man bekommt wieder das Gesicht des Direktors zu sehen, kurz bevor die erste Pflegemutter den Vertrag unterzeichnet. Ingeborg tritt ein weiteres Mal einen halben Schritt zur Seite, und wir können noch mehr sehen. Die Pflegemutter kommt in den Blick, Ingeborg dreht sich herum, und nun tritt die Pflegemutter deutlich sichtbar in die Bildmitte (Abb. 1e), sodass keiner übersehen kann, wie sie das Kind zu sich nimmt. So hat sich die sehr straffe, geschlossene Anfangskomposition immer weiter geöffnet, um dieses Handlungselement möglich zu machen. Die Pflegemutter bringt das Kind weg, wir sehen den Blick des Kindes (Abb. 1f), während Ingeborg uns den Rücken zukehrt. Als die beiden hinausgehen, umarmt Ingeborg ihren Sohn (Abb. 1g), und Phase

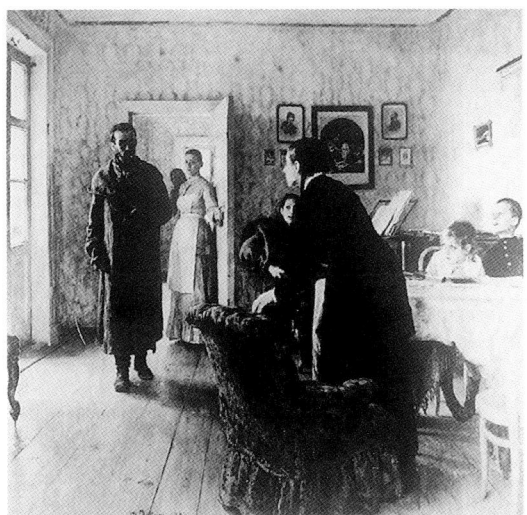

Ilya Repin: *Unerwartet – plötzliche Heimkehr eines politisch Verbannten (1884)*

Traditionen, die aus der bildlichen Darstellung (*the visualized*) im Allgemeinen übernommen wurden, eine Rolle. Eine Reihe von Regisseuren hat Wege gefunden, um diesem Schlüsselproblem, wie man dem Zuschauer Informationen nicht nur liefern, sondern auch vorenthalten kann, beizukommen. In den folgenden vier Vorlesungen werde ich einige der visuellen Traditionen untersuchen, die sich im Lauf der Kinogeschichte, wenn man sie als Geschichte von Problemlösungen versteht, entwickelt haben. Was haben sich also Regisseure zur Frage ›Wie kann ich den Informationsfluss steuern?‹ einfallen lassen.

Beginnen wir mit dem Stummfilm. Von Anbeginn, seit den Neunzigerjahren des 19. Jahrhunderts, stand das Kino vor einer Schwierigkeit: dem Zuschauer von nur einem einzigen Blickpunkt aus alles Notwendige zu zeigen. Diesem Problem begegnen wir auch noch im Tonfilm, wie ANATOMY OF A MURDER zeigt. Das Kino hat eine ganze Reihe bildlicher Schemata – wie wir sie nach Ernst Gombrich nennen können – oder visueller Techniken – wie ich sie nenne – aus der Geschichte der bildenden Künste übernommen. Schauen wir ein Gemälde von Ilya Repin: *Unerwartet – plötzliche Heimkehr eines politisch Verbannten* (Abb.)*

*Anm. des Hrsg.: Ilya Repin (1844–1930), von 1893–1907 Professor in St. Petersburg, gilt als bedeutendster Naturalist Russlands. Neben Porträts von Zeitgenossen, historischen Gemälden und religiösen Wandmalereien malte er Genrebilder mit sozialkritischen Tendenzen.

14

rechts bewegt (Abb. 3a), dass er uns den Blick auf James Stewart, den Verteidiger im Hintergrund, alsbald *versperrt* (Abb. 3b), bis Stewart ganz verdeckt ist (Abb. 3c). Da aber George C. Scott nicht in unsere Richtung blickt, ist diese Einstellung nicht als subjektive Sicht aus dem Blickwinkel der Frau im Zeugenstand zu verstehen. Scotts Blick zu ihr bleibt seitlich – von uns aus nach rechts – gerichtet. Im weiteren Verlauf der Sequenz versucht James Stewart Lee Remick wiederum in den Blick zu bekommen, um ihr ein Zeichen geben zu können. Er tritt deshalb hinter George C. Scott auf der linken Seite hervor (Abb. 3d), aber Lee Remick sitzt – wie der Blick des Staatsanwalts anzeigt – so, dass Stewart nun ihrer Sicht erst recht entzogen sein dürfte. *Wir* können ihn sehen, *sie* nicht. Das Versteckspiel wiederholt sich, wenn George C. Scott wiederum einen Schritt zur Seite macht – diesmal von uns aus gesehen nach links (Abb. 3e) –, um James Stewart erneut zu verdecken (Abb. 3f). Wenn wir Lee Remick in näherer Einstellung abermals sehen, die in Richtung des Staatsanwalts nach links schaut (Abb. 4), und George C. Scott, der in ihre Richtung nach rechts blickt (Abb. 5), stellt sich die Frage, wem dieser eigentlich die Sicht versperrt. Nicht Lee Remick, die er noch immer anblickt, und auch nicht James Stewart, wenngleich dieser im Hintergrund in die Höhe schießt, um sich beim Richter über diese Sichtblockade zwischen ihm und der Zeugin zu beschweren. Nein, George C. Scott versperrt lediglich *uns* den Blick auf James Stewart.

Mir scheint dieser Ausschnitt beispielhaft zum Verständnis einiger typischer Merkmale von Kino. Was die Filmfigur sieht, ist nicht so wichtig. Da können wir alle möglichen Spielarten zulassen. Das Entscheidende ist, was wir dem *Zuschauer* an Information zuführen oder vorenthalten. *Unser* Blickwinkel zählt und nicht derjenige der Figuren. Betrachtet man die Geschichte des Kinos im Hinblick auf seine visuellen Gestaltungsweisen (*visual design*), so kann man also sagen, dass es ihm stets darauf ankommt, auf sehr unterschiedliche Weisen unsere Aufmerksamkeit zu wecken und zu fesseln sowie uns relevante Informationen über die Welt zu übermitteln, die auf der Leinwand gezeigt wird. Ich werde in dieser Vorlesungsreihe verschiedene Methoden betrachten, die zur Erreichung dieses Ziels angewandt werden, und wir werden sehen, auf welche Weise einzelne Filmemacher den Fluss visueller Informationen zum Zuschauer zu steuern versuchen. Einerseits waren diesem Bemühen durch die technischen Möglichkeiten des Kinos, insbesondere der Kamera, Grenzen gesetzt, andererseits aber spielten auch gewisse künstlerische zwei beginnt damit, dass der Assistent des Direktors hereinkommt. Wieder wird der Direktor verdeckt, der Assistent wendet sich ab, sodass wir uns erneut auf das Gesicht der Schauspielerin konzentrieren können. Die zweite Pflegemutter kommt herein, und es geschieht das gleiche wie zuvor; Sjöström inszeniert diese Trennungsszene schonungslos, aber mit einer unglaublichen Finesse. Die Pflegemutter erscheint im Hintergrund, und wieder tritt Ingeborg auf eine im wirklichen Leben ganz unvorstellbare Art zur Seite und macht dadurch, wie beim Erscheinen der ersten Pflegemutter, den Weg frei. Alles verläuft wie zuvor:

Die zweite Pflegemutter tritt heran, nimmt den Jungen zu sich, und Ingeborg bleibt allein zurück, der Kamera den Rücken gekehrt, während der Junge noch einmal zurückblickt wie vorher die Tochter, und dann mit der Pflegemutter hinausgeht. Ende dieser ergreifenden Szene.

Abb. 1a

Schematischer oder skelettartiger wiederholt sich die Szene am Ende des Films. Als der nun erwachsene Sohn Ingeborg besucht, stehen die Möbel etwas anders, aber im Prinzip ist der Ablauf der gleiche. Er kommt herein, erfährt das Schicksal seiner Mutter vom Direktor (Abb. 1a), dieser wendet sich um, und durch die Bewegung wird beinahe wie durch das Raffen eines Vorhangs der Auftritt der Mutter im Hintergrund vorbereitet (Abb. 1b): Er tritt nach rechts zur Seite, und er wie der Sohn – beide mit dem Rücken zur Kamera – lassen deutlich werden, was aus Ingeborg Holm infolge des schmerzlichen Verlusts ihrer Kinder geworden ist (Abb. 1c). Sie kommt in Begleitung einer Pfle-

Abb. 1b

Abb. 1c

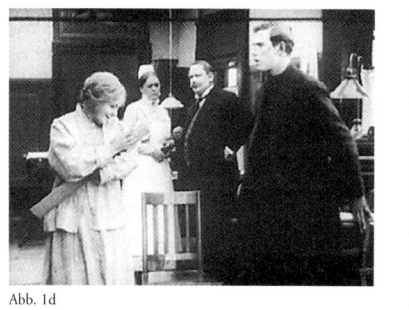

Abb. 1d

Abb. 1e

Abb. 1f

Abb. 1g

Abb. 1h

Abb. 1i

gerin nach dem uns vertrauten Muster in den Vordergrund. Die Pflegerin und der Direktor nehmen hinten spontan andere Positionen ein,
werden von Mutter und Sohn im Vordergrund flankiert (Abb. 1d); dann
darf die Mutter uns die Sicht auf den Direktor versperren (Abb. 1e). Der
Sohn bringt die Pflegerin und den Direktor hinaus (Abb. 1f), während
die Mutter im Vordergrund stehen bleibt (Abb. 1g). Danach beginnt die
Wiedervereinigung von Mutter und Sohn dicht vor der Kamera (Abb.
1h und i), wobei das Augenmerk immer ihr gilt. Der Sohn wendet uns
den Rücken zu und sinkt vor seiner Mutter auf die Knie.

52

Diese Feinabstimmung beim Anordnen von Figuren vor einer statischen Kamera ohne Rückgriff auf Montage war ebenfalls eine bedeutende Entwicklung der Jahre zwischen 1910 und 1920, aber ich glaube, man beginnt erst jetzt zu erkennen, welches kraftvolle ästhetische Mittel sie war. Ganz ohne Montage kann man im Zuschauer Emotionen von ungeheurer Dynamik hervorrufen, indem man sich die einfachen Möglichkeiten des starren (*fixed*) Objektivs zunutze macht.

In den USA gaben amerikanische Regisseure, vermutlich unter dem Einfluss der erfolgreichen Griffith-Filme, sehr rasch diese Art der durchgängigen, durchgehaltenen (*sustained*) tiefenperspektivischen Inszenierung auf. Die Montage gewinnt die Oberhand. Immer mehr Regisseure meistern die neue Technik. Selbst in Europa wird sie zum Beispiel von Sjöström übernommen, der, obwohl meisterhaft in seiner Präzisionsinszenierung von Ingeborg Holm, zum Ende des zweiten Jahrzehnts sehr geschickt mit der Montage zu arbeiten versteht. Auch Feuillade übernimmt – wenngleich nicht mit ganz so viel Geschick – die neue Technik, weil eben die Montage einige Probleme der Raumtiefe löst.

Bei Léonce Perret, einem französischen Regisseur, der nach Hollywood emigrierte, sieht man, wie die Regisseure begannen, diese Systeme miteinander zu verbinden. Viele Szenen von Perrets Film The Twin Pawns aus dem Jahr 1919 verraten einen Regisseur, der noch den alten Methoden verpflichtet ist, während er gleichzeitig bemüht ist, sich neue anzueignen. Ein Beispiel: Die Tochter, die zu ihrem Vater will, kommt durch die Tür im Hintergrund herein, ganz ähnlich wie Feuillade so etwas macht. Sie schwenkt ein dünnes Fädchen, mit dem sie ihn kitzelt und hüpft ständig hinter ihm hin und her, um nicht gesehen zu werden (Abb. 1a). Die Einstellung wird gehalten, während sie ihn bald von der einen, bald von der anderen Seite neckt (Abb. 1b), bis er schließlich merkt, dass jemand hinter ihm ist, und sich herumdreht. Das alles läuft

Abb. 1a

Abb. 1b

Abb. 2a

Abb. 2b

Abb. 3

Abb. 4

Abb. 5

Abb. 6

sehr nach dem alten Muster ab, wie es 1913 üblich war. Im selben Film kann Perret jedoch auch zeigen, dass er einige Prinzipien der Kontinuität gemeistert hat, die den amerikanischen Studios so wichtig waren. Wir sehen beispielsweise eine Totale mit einem Vorder- und einem Hintergrund, wenn der Mann hereinkommt (Abb. 2a). Die Personen gehen in den Vordergrund, er setzt sich, die eine Frau setzt sich, die andere bleibt stehen (Abb. 2b), dann aber folgen ein Schnitt – eine analytische Montage, um die beiden Frauen zu vergrößern (Abb. 3) – und ein Gegenschuss, um den schurkischen Mann zu zeigen (Abb. 4). Perret ist also dabei, sich diese amerikanischen Techniken anzueignen und sie einzusetzen. Auffallend an dieser Tableau-Einstellung (Abb. 5) sind viel Hintergrundtiefe und eine bildparallele Vordergrundanordnung; Perret macht sogar 180-Grad-Schnitte, erstaunliche Achsensprünge und stellt so auf radikale Weise eine Kamera-Ubiquität her, indem wir nun die Handlung von der anderen Seite sehen (Abb. 6).

Es ist klar, dass die Montage für die Produktion viele Vorteile hatte. Sie sparte Zeit, man musste weniger proben, man konnte die Performance der Schauspieler aus kleinen Teilen zusammenfügen, und es war möglich, in der Postproduktion noch Änderungen vorzunehmen. Außerdem beschleunigte die Montage das Tempo. Man kann mit ihrer Hilfe sehr temporeiche Filme herstellen, wie wir in FONG SAI-YUK gesehen haben,

aber auch in dem Griffith-Film. Und das Tempo ist in den Hollywood-Filmen der Zeit zwischen 1910 und 1920 sehr erwünscht. Es ist interessant, sich einen amerikanischen Film von 1918 oder 1919 neben einem europäischen aus der gleichen Zeit anzusehen. Der amerikanische Film galoppiert förmlich voran. Er ist wirklich kinetisch und rasant im Vergleich zu dem europäischen Film, und das ist zum Teil der Schnittfrequenz zu verdanken.

In den Zwanzigerjahren wurde das Montage-Kino (*editing-based cinema*) weiterentwickelt, um unterschiedlichen narrativen Anforderungen gerecht zu werden. Es findet eine Art Triangulierung (*triangulation*) des Raums statt, ein Verfahren, das der Kamera erlaubt, praktisch überall zu sein. So konnte beispielsweise Tod Browning in seinem 1927 gedrehten Film THE SHOW zuerst einmal das Grammophon (Abb. 1) zeigen, dann Cock Robin, der vage nach links schaut (Abb. 2), und die Frau, mit der er lebt, die über die Schulter blickt (Abb. 3), dann Cock Robin, wie er diagonal nach links verschwindet (Abb. 4)

Abb. 1 – 4

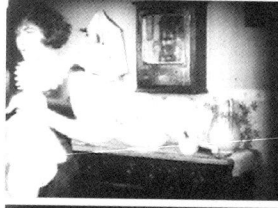

Abb. 5a – 7

und beim Grammophon wieder auftaucht (Abb. 5a), dessen Schallplatte er vom Teller schmeißt, weil ihm die Musik missfällt (Abb. 5b). Die Frau beobachtet ihn dabei und blickt über ihre Schulter nach hinten (Abb. 6a), während er in einen anderen Bereich des Raums davongeht und sie wenig später links aus dem Bild geht (Abb. 6b). Es ist, als befände sich die Kamera in der Mitte der Bezugsachse (*relationship*) zwischen beiden. Erst geht sie links aus der Kadrierung, dann kommt sie wieder von rechts in die Kadrierung und geht auf ihn zu (Abb. 7). Die Figuren sind also um die Kamera herumgegangen. Die Kamera kann sich im Mittelpunkt ihrer Bezugsachse befinden, etwas, worauf Griffith offenbar niemals gekommen ist.

Ich möchte mit einem Ausschnitt aus einem Film schließen, der ebenfalls von einem Emigranten gemacht wurde, und zwar von dem Deutschen Ernst Lubitsch. In den Zwanzigerjahren führen Filme zumeist mit einer Totalen des Schauplatzes in die Handlung und schließen wiederum mit einer Totalen. So verfährt auch Lubitsch in seinem Film Lady Windermere's Fan. Wir sind auf der Rennbahn. Zunächst geschieht nichts Besonderes, wir sehen einige Dokumentaraufnahmen, bevor die Pferde losrennen (Abb. 1). Aber anschließend zeichnet sich der Film durch virtuose Montagekunst aus. Wenn Sjöström uns die Präzisionsinszenierung vorführt, dann – so könnte man sagen – führt Lubitsch uns vor, was mit Präzisionsmontage möglich ist. Jetzt kann die Kamera buchstäblich überall sein, und in dem erwähnten Film nutzt er diese Fähigkeit der Kamera, um zu zeigen, was für eine aufsehenerregende und skandalöse Frau diese Mrs. Erlynne ist. Denn es folgt diese Einstellung:

eine Frau, die von Männern umgeben ist. Damit wird das Terrain abgesteckt in Bezug auf das, was sich in der sehr witzigen Sequenz später durch Montage noch ereignen wird. Aber zuerst führt uns Lubitsch mit einer einzigen Einstellung vor, wie verschiedene Männer nacheinander diese Frau anstarren (Abb. 2a – c), bis sie die Gruppe verlässt (Abb. 2d). Das ist der springende Punkt, zu zeigen, wie anziehend sie auf Männer wirkt, und Lubitsch findet ungefähr ein Dutzend verschiedener Möglichkeiten, um das herauszustellen. Sie tritt also in Erscheinung, scharf abgehoben vom Hintergrund der Rennbahn (Abb. 3), und die Zu-

Abb. 1

Abb. 2a

Abb. 2b

Abb. 2c

Abb. 2d

Abb. 3

Abb. 4

Abb. 5

Abb. 6

Abb. 7

Abb. 8

Abb. 9

Abb. 10

Abb. 11

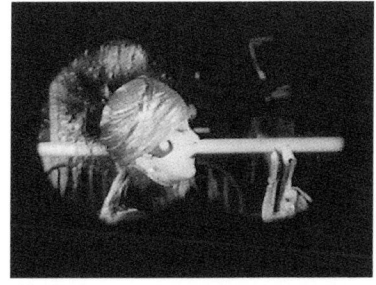
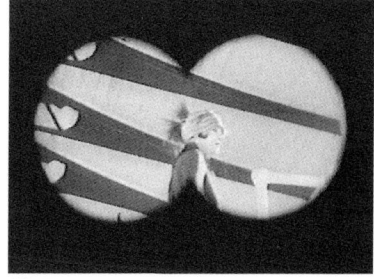

Abb. 12   Abb. 13

Abb. 14

schauer auf der Tribüne (Abb. 4) sehen sie (Abb. 5). Dann werden auch
andere Personen auf sie aufmerksam, und zunächst wird uns gezeigt, wie
verschiedene Leute an verschiedenen Standorten ihre Ferngläser auf sie
richten (Abb. 6, 8, 10). Wir sehen sie also aus all diesen unterschiedlichen Blickwinkeln, *en face* (Abb. 7), von unten (Abb. 9), schräg von vorn
(Abb. 11), im Profil (Abb. 12), und nach einer Weile braucht Lubitsch
uns die Gaffer selbst gar nicht mehr zu zeigen, er kann sich darauf beschränken, uns die vielerlei Ansichten von ihr zu präsentieren (Abb. 13
und 14). Es ist unwichtig, wer sie anstarrt; das Entscheidende ist, dass
sie von allen Seiten angestarrt wird.

Nach geraumer Zeit beginnt Lubitsch mit der Frage zu spielen, wer eigentlich wen anstarrt. Die entstehende Verwirrung der Blicke korre-
spondiert mit der verwickelten Handlung, die ich hier nur ansatzweise
wiedergeben kann.

Der ganze Film lebt davon, dass der Zuschauer mehr weiß als die Protagonisten, sodass wir in der Lage sind, deren Missverständnisse zu
belächeln. Wir müssen jetzt nur so viel wissen, dass Lady Windermere,
ohne ihre Mutter zu kennen, die weggegebene Tochter von Mrs. Erlynne, dieser auf der Rennbahn so viel Aufsehen erregenden Frau, ist, die

Abb. 15

Abb. 16

Abb. 17

Abb. 18

Abb. 19

Abb. 20

Abb. 21

Abb. 22

Abb. 23

Abb. 24

Abb. 25

Abb. 26

Lord Windermere dafür bezahlt hat, über ihre Mutterschaft Stillschweigen zu wahren. Auf der Tribüne sehen wir die Hauptakteure Lord und Lady Windermere mit ihrem Anhang sitzen (Abb. 15): Lady Windermere vorn links, dahinter links oben Lord Lorton, der vornehmste Junggeselle Londons, in der Mitte Lord Windermere und rechts Lord Darlington, der ein heimliches Interesse für Lady Windermere hegt. Zunächst zieht die Gruppe (Abb. 16) Mrs. Erlynnes Blick auf sich (Abb. 17), da ihre Tochter vor Lord Windermere sitzt, der nun seinerseits auf Mrs. Erlynne aufmerksam wird (Abb. 18), sodass sein Blick ihren trifft (Abb. 19). Nun bemerkt Lord Darlington, rechts, diesen Blickwechsel (Abb. 20) und mutmaßt, es bestehe ein besonderes Interesse oder gar Verhältnis zwischen Lord Windermere und Mrs. Erlynne (Abb. 21). Aber er bemüht sich, höfliche Distanz zu wahren (Abb. 22) und schaut deshalb in sein Programmheft. Wir sind wieder bei Mrs. Erlynne, die so sehnsüchtig ihre Tochter anschaut (Abb. 23), dass diese sich herumdreht (Abb. 24), weil sie wohl glaubt, ihr Ehemann flirte mit dieser Frau da unten. Doch nun ist es Lord Lorton, der aus dem fortgesetzten Blick von Mrs. Erlynne (Abb. 25) folgert, er gelte ihm, was er mit einem Lächeln quittiert (Abb. 26). Das Verwirrspiel setzt sich in noch näherer Einstel-

Abb. 27

Abb. 28

Abb. 29

lung fort (Abb. 27 und 28), bis schließlich Mrs. Erlynne ganz verlegen nach unten blickt (Abb. 29).

Jede Einstellung ist eine Pointe. Alles baut auf dem Gedanken auf, dass jeder Blick, jede Einstellung ein Informationsteilchen trägt, und diese Teilchen ganz präzise so kombiniert werden können, dass sie eine einzige Bedeutung vermitteln. Im Jahr 1925, mit LADY WINDERMERE'S FAN, ist also das freie Spiel der Kamera, eine kontinuierliche Informationszufuhr mittels wechselnder Blickwinkel, mittels Montage, zur anerkannten Ausdrucksmöglichkeit in der internationalen Filmsprache geworden, die nicht nur den Stummfilm, sondern auch den Tonfilm bestimmen sollte.

Fragen an Bordwell zu dieser Vorlesung:

Frage: Hat die Befreiung der Kamera, die nun beweglich wird, auch politische Implikationen? Was für politische Auswirkungen hat es z.B. auf die Menschen, die sich mit dieser Pyramidenform der Inszenierung konfrontiert oder auch manipuliert sehen?

Antwort: Ich bin mir nicht sicher, ob wir aus diesen technischen Gegebenheiten des Kinos auf einheitliche politische Implikationen schließen können. Alle Filmemacher müssen ja mit denselben Beschränkungen fertig werden. Man kann es vielleicht mit der chemischen Seite der Tafelmalerei vergleichen. Die Voraussetzungen sind für Rembrandt wie für El Lissitzy die gleichen. Aber jeder geht anders mit ihnen um. Hier ist es ähnlich: Eisenstein, Vertov, Kuleshov, sie alle mussten sich mit der optischen Pyramide genauso auseinandersetzen wie Lumière. Ich glaube deshalb nicht, dass die politischen Implikationen sich ganz automatisch aus den technischen Gegebenheiten ablesen lassen.

Interessant ist, dass Eisenstein in der alternierenden Montage politische Implikationen sah, aber mehr *in der Art*, wie Griffith sie einsetzte. Es sei nicht die alternierende Montage an sich, wenn Griffith zwischen den reitenden Rettern und den bedrängten Siedlern hin und her schneide, sodass man bald die Bedrängten, bald die Retter sieht und so weiter. Eisenstein schien nicht der Ansicht, dass die Technik der alternierenden Montage *an sich* politische Implikationen oder Wirkungen hätte, sondern eher die Art und Weise, wie Griffith sie einsetzte. Er meinte, Griffith benutze sie stets zu einer Art Schwarz-Weiß-Malerei, immer gehe es um Reich gegen Arm, Gut gegen Böse und dergleichen. Aber Eisenstein war überzeugt, dass die Technik der alternierenden Montage an sich von den Filmemachern zu fortschrittlichen Zielen eingesetzt werden könne. Man muss also annehmen, dass die Wahl bestimmter technischer Mittel ideologisch nicht unbedingt neutral ist, dass sie aber in viele unterschiedliche Richtungen gehen kann.

Nun zum letzten Punkt, der Frage nach der Perspektive. Die Tatsache, dass die Kamera ein perspektivisches Gerät ist, behaupten manche, sei bereits Voraussetzung für ideologisches Kino. Sie wissen wahrscheinlich, dass Ende der Sechziger-, Anfang der Siebzigerjahre einige Kritiker der *Cahiers du Cinéma* behaupteten, die perspektivische Sicht auf die Welt sei von Natur aus mit der bürgerlichen Weltordnung verknüpft. Das heißt, weil sie in der Renaissance entdeckt wurde, weil sie bis zu einem gewissen Grad mit den Naturwissenschaften, der Mathematik, der Optik gekoppelt war, weil schließlich perspektivisches Denken einer bestimmten kulturellen Tradition entsprang, steckte man sie in diesen historischen Kontext.

Ich habe meine Probleme mit dieser Auffassung, vor allem weil es schon vor der Renaissance perspektivische Bildwerke gibt, mit Sicherheit in der römischen Malerei, und sie nicht derartigen historischen Ballast mitzuschleppen scheinen. Die Gegenfrage wäre: Können wir uns Kino ohne die Perspektive vorstellen? Ohne die auf den Kopf gestellte Pyramide? Wir könnten sagen, ›Na schön, solange Kino fotografisch ist, übernehmen wir die auf den Kopf gestellte Pyramide‹. Aber können wir uns ein Kino vorstellen, das nicht fotografisch ist, das nicht mit der Pyramide arbeitet? Denken Sie beispielsweise an Computerbilder. Wenn man sich die Programme anschaut, die Computerbilder hervorbringen, sieht man, dass sie perspektivisch angelegt sind. Und was die Bewegung angeht, so scheinen bewegliche Bilder ohne die optische Pyramide gar nicht möglich. Es gibt natürlich nichtperspektivische statische Bilder. Es gibt in der Malerei viele verschiedene Traditionen, die ohne Zentralperspektive auskommen. Man denke beispielsweise an den Kubismus. Der Kubismus arbeitet mit vielen unterschiedlichen, sich überschneidenden Ebenen, die keine perspektivische Einheit besitzen. Aber dann stellt sich die Frage, was geschähe, wenn im kubistischen Bild Bewegung verlangt würde? Man würde argumentieren, dass diese als perspektivisch gelesen würde. Wenn man sich diese Bilder ansieht, oder einen beliebigen abstrakten Film, dann erkennt man, dass es einen Vordergrund gibt, einen Hintergrund, dass Dinge aus der Ferne in den Vordergrund drängen, in dem sie größer werden, und ich behaupte, dass wir sie spontan als perspektivisch lesen. Selbst wenn man sich die abstraktesten vorstellt, wie die von Viking Eggeling oder Hans Richter, sieht man immer noch Dinge vorüberziehen, sich voreinander schieben, größer oder kleiner werden, sich nähern oder entfernen. Es scheint in der Tat so, dass das Kino an eine perspektivische Sicht der Dinge gebunden ist, und vielleicht ist das so, weil *wir*, die Spezies Mensch, daran gebunden sind. Wir sehen die Welt nur annäherungsweise – zum Glück mit zwei Augen –, aber dennoch in perspektivischer Annäherung.

Zweites Kapitel: Der frühe Tonfilm

Über Harry Beaumont, Erik Charell, Jean Renoir,
Orson Welles, William Wyler, Michael Curtiz, Ivan Pyriev,
Howard Hawks: TWENTIETH CENTURY (USA 1934) und
HIS GIRL FRIDAY (USA 1940)

In dieser zweiten Vorlesung, die sich mit der Stilentwicklung in der Zeit
des Tonfilms, also etwa seiner ersten fünfzehn Jahre, befasst, will ich
zunächst einen kurzen Eindruck davon vermitteln, was zum Ende der
Stummfilm-Ära möglich war, indem ich einen sehr kurzen Ausschnitt
aus Carl Theodor Dreyers Film LA PASSION DE JEANNE D'ARC von 1928
zeige. Vielen Beobachtern, die erkannten, dass nun die Ära des Tonfilms
anbrach, schien das in gewisser Weise der letzte Stummfilm zu sein oder
zumindest der letzte Film, der wirklich alle Mittel des Stummfilms, die
im Lauf der vorausgegangenen dreißig Jahre entwickelt worden waren,
zum Einsatz brachte.

Wir sehen hier, während Jeanne d'Arc der Prozess gemacht wird, dass
durch Effekte, vergleichbar denjenigen der Montage Lev Kuleshovs, ein
rein bildlicher (*pictorial*) Raum geschaffen wird. Es gibt nur Naheinstellungen, isolierte Naheinstellungen auf verschiedene Figuren, keinen
establishing shot, keine bühnenmäßige Rückorientierung (*theatrical re-
orientation*) auf die Handlung; das ganze Drama verlagert sich in den
Gesichtsausdruck: Wir sehen zunächst Jeannes gedankenversunkenes
Gesicht (Abb. 1). Der Raum entsteht gewissermaßen als rein geistiger
Raum, ist das Resultat der gedanklichen Arbeit des Zuschauers, er selbst
bildet ihn mit Hilfe seiner Phantasie aus den angebotenen Fragmenten;
und es bleibt offen, ob Jeanne real oder nur vor ihrem geistigen Auge
sieht, wie der Schädel aus dem Grab geschleudert wird (Abb. 2); wir neh-

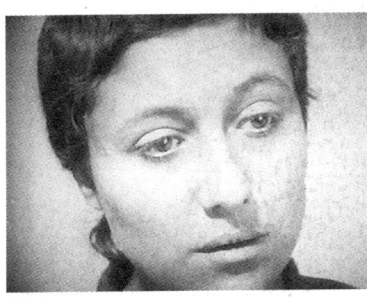

Abb. 1   Abb. 2

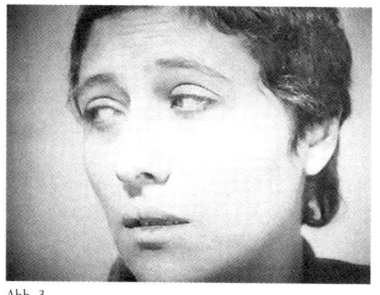

Abb. 3   Abb. 4

men nach einer weiteren Einstellung auf ihr Gesicht mit zur Seite ge-
richtetem Blick an (Abb. 3), dass sie den Priester Cauchon auf sich zu-
kommen sieht (Abb. 4). Wenn sich diese isolierten Nahaufnahmen in
unseren Köpfen zusammenfügen, bekommen wir jedenfalls eine Ahnung von Jeannes seelischer Verfassung.

Viele waren am Ende der Stummfilmzeit der Auffassung, ein solcher
Film mit seiner ausgeklügelten Montage sei im Grunde nur ohne ge-
sprochene Sprache und Toneffekte möglich. Das Kino sollte, diesen Leuten zufolge, ein rein visuelles Medium sein, ein bewegtes Gemälde, un-
beeinträchtigt durch jegliche Ablenkung. Die Stille wurde als positive
Eigenschaft gewertet. Für die Vertreter dieser Auffassung war die Entwicklung der Tontechnik natürlich traumatisch. Man fürchtete, visuelle Werte würden verlorengehen, und es würde eine Rückkehr zur ver-
meintlichen Theaterhaftigkeit der frühen Jahre folgen. Ich zitiere kurz
den großen deutschen Filmkritiker und Theoretiker Rudolf Arnheim,
der in seinem Buch *Film als Kunst* Anfang der Dreißigerjahre schrieb:

»Die Einführung des Tonfilms zerschlug die Formen,
deren die Filmkünstler sich bedienten... es ist der reine
Zufall, daß auch der Tonfilm gute künstlerische Möglichkeiten bietet. Dieser Zufall allein bewirkt es, daß die
Mehrheit der Kunstfreunde heute noch nicht deutlich
sieht, welch gefährliche Straße die Filmproduktion einge-
schlagen hat und daß wir dem Sieg des Panoptikumideals
über die gestaltende Kunst entgegengehen.
Die Entwicklung des Stummfilms ist, kaum daß sie Gu-
tes hervorzubringen begann, gestoppt worden, möglicherweise für immer; aber einige herrliche, reife Filme hat
sie uns doch bescheren dürfen. Nun, künftig wird sich

der Fortschritt hastiger benehmen. Er wird sehr bald den *Farbenfilm* und den stereoskopischen Film bringen und mit seinen Siebenmeilenstiefeln dem Tonfilm seine unausgebrüteten Eier zertrampeln.«*

Man meinte, mit der Entwicklung immer neuer technischer Möglichkeiten zu noch naturgetreuerer Wiedergabe und der Einführung von Farbe, Dreidimensionalität und dergleichen zusätzlich zum Ton, würden die Leute nur noch realistisch wirkende Bilder verlangen, Bilder, die mehr und mehr die Qualität von Wachspuppen bekämen, während sie alles Stilisierte und Artifizielle verlören. Wie ich in der letzten Vorlesung gezeigt habe, hatte aber der Stummfilm zumindest insofern nichts mit dem Theater gemein, als der Bildraum, der dem Kino zur Verfügung stand, sich von dem des Theaters grundlegend unterschied. Die optische Pyramide, die den Blick der Kamera bestimmt, ist etwas ganz anderes als der Bühnenraum des Theaters. Und nachdem sich die Filmländer der Welt auf eine bestimmte Ästhetik des Kinos festgelegt hatten, die auf der Montage basierte und nicht auf der Inszenierung innerhalb der Einstellung, hatte sich Ende der Zwanzigerjahre bereits eine Art internationaler Filmsprache etabliert, die sich weit mehr auf Montage verließ als auf Inszenierung im Stil von INGEBORG HOLM oder anderer Filme aus der Zeit zwischen 1910 und 1920.

Der große französische Kritiker André Bazin behauptete, der Ton verdränge keineswegs all das, was für den Stummfilm charakteristisch sei. Er verdränge beispielsweise nicht sämtliche Spielarten der Montage, sondern lediglich einen bestimmten Ansatz, das nämlich, was er ›Montage-bestimmte‹ Schnittform nannte, jene Technik, mit der Eisenstein, Gance und andere Filmemacher arbeiteten – abstrakte Montage, stilisierte Montage, ähnlich wie bereits erörtert. Bazin zufolge würde der Tonfilm eine neue Art der Montage fördern, eine realistischere, auf einer Technik basierend, die er *découpage* nannte**. Sein Vorbild war im Grunde das Hollywood-Kino der Dreißigerjahre.

---

*Rudolf Arnheim: *Film als Kunst* (1932); hier zitiert nach der Neuausgabe: Frankfurt/M.: Fischer Taschenbuch Verlag, 1979, S. 317; Bordwell zitierte in der Vorlesung aus der amerikanischen Ausgabe: *Film as Art*. Berkeley: University of California Press, 1957, S. 154.

**Anm. des Hrsg.: Vgl. dazu André Bazin: »L´évolution du langage cinémathographique« (Synthese dreier Artikel aus den Jahren 1950–55), in: ders.: *Qu´est-ce que le cinéma?* Paris: Les Editions du Cerf, 1973, S. 63 – 80.

Abb. 1

Abb. 2a

Abb. 2b

Abb. 2c

Abb. 3a

Abb. 3b

Abb. 4

Abb. 5a

Abb. 5b

Ich möchte mit einem Beispiel veranschaulichen, was Bazin mit *découpage* meinte. Der Ausschnitt stammt aus Howard Hawks' Film, TWENTIETH CENTURY aus dem Jahr 1934. Wir befinden uns in einem Eisenbahnabteil, in dem John Barrymore und seine beiden Komplizen sitzen. Nach einer Art *master shot* (Abb. 1) zur Orientierung des Zuschauers – im Gegensatz zu LA PASSION DE JEANNE D'ARC, wo es keinen *master shot* gibt – wird auf die beiden Komplizen, die Barrymore ansehen, umgeschnitten (Abb. 2a), weil sie etwas Wichtiges zu sagen haben. Dann verschwindet der eine aus der Kadrierung (Abb. 2b) und der andere schaut zu (Abb. 2c), während John Barrymore sich abschminkt (Abb. 3a). Alles, was man in der Stummfilmzeit über Blickachsen gelernt hatte – was zum Beispiel in den Lubitsch-Ausschnitten, die ich in der letzten Vorlesung erörtert habe, zu sehen war –, ist hier enthalten, wenn die Figuren ihren Text sprechen. Die Montage wird zu einem Mittel, den Dialog hervorzuheben. Angenommen, es spricht jemand, dann kann man eine halbnahe Einstellung des Sprechenden zeigen und danach auf die Reaktion eines Zuhörenden umschneiden. Barrymore beginnt also, seine Maske abzulegen (Abb. 3b) – die beiden sind verkleidet in den Zug gestiegen, weil er bis über die Ohren verschuldet ist. Der Presseagent geht, wie ein Schnitt auf die Tür verdeutlicht (Abb. 4). Und dann schneidet Hawks, um keinen Zweifel an der räumlichen Anordnung zu lassen, zurück zu den beiden verbliebenen Männern, die im Abteil sitzen (Abb. 5a). Es schließt sich also keine weitere Großaufnahme von John Barrymore an, sondern ein Blick auf die beiden Männer und den Raum – ein *re-establishing shot*, der zur Reorientierung des Zuschauers dient. John Barrymore beginnt nun damit, die Pappnase aus seinem Gesicht zu entfernen (Abb. 5b) – eine Art Pinocchio-Effekt, der sehr komisch wirkt. Es folgt wieder eine nähere Einstellung auf John Barrymore (wie zuvor in Abb. 3a und b), damit die Zuschauer den Gag in aller Deutlichkeit mitbekommen, während er weiterspricht. Gleichzeitig fängt er an, in seiner Nase herumzustochern, was die Komik noch erhöht. Kurz und gut, man gewinnt den Eindruck, dass die Kamera gewisse Schlüsselmomente der Handlung oder des Dialogs betont und hervorhebt. Bazin meinte, das sei etwa so, als säßen wir im Theater und griffen von Zeit zu Zeit zum Opernglas, um ›dem natürlichen Fluss des Zuschauerinteresses‹ folgend bestimmte Teile der Handlung deutlicher zu sehen.

Was Bazin aber nicht ausdrücklich sagte, war, dass es seine so genannte *découpage* in Form der klassischen *continuity*-Montage des Stummfilms bereits gab. Lange bevor der Ton Einzug hielt, existierte schon diese universelle Bildsprache des *shot/reverse shot*, der analytischen Montage, des Schnitts auf Details und so weiter. Beispiele genug liefern, wie wir gesehen haben, die Griffith-Filme THE GIRL AND HER TRUST und THE BATTLE AT ELDERBUSH GULCH, aber auch INSHENERA PRAJTA von Kuleshov und TWIN PAWNS. Dennoch hatte Bazin sicherlich in einem recht: Viele Regisseure machten sich mit der Ankunft des Tonfilms in den Zwanzigerjahren das Argument zu eigen, der Tonfilm drohe aus dem Kino fotografiertes Theater zu machen. Sie bemühten sich daher, einem theaterhaften Eindruck entgegenzuwirken und keinesfalls das Gefühl aufkommen zu lassen, es handle sich bei ihren Filmen lediglich um von der Kamera aufgezeichnete Theaterstücke. Sie versuchten, dem Sprechkino eine Art optischer Dynamik mitzugeben, etwas optisch Interessantes zu schaffen. Dahinter stecken meiner Meinung nach zwei stilistische Bewegkräfte (*forces*), auf die ich heute im Besonderen eingehen möchte; auf jene beiden Strategien, könnte man sagen, die man einsetzte, um das Kino nach Einführung des Tons neu zu beleben, um irgendwie dem Problem beizukommen, dass es nicht reicht, einfach die Kamera einzuschalten, das Mikrofon einzuschalten und einen Film zu drehen. Muss nicht mehr getan werden, wenn der Film visuell bestechen soll?

Eine der gefundenen Lösungen bestand darin, sich in stärkerem Maß auf Kamerabewegung zu verlassen. Natürlich gab es in der Stummfilmzeit die bewegliche Kamera. Schon 1910 und sogar noch früher lassen sich Fahraufnahmen finden. Aber die meisten Regisseure der Stummfilmzeit arbeiteten nicht in größerem Rahmen mit Kamerabewegung; sie verließen sich bevorzugt auf die Montage. Ein Filmemacher wie Erich von Stroheim pflegte stets eher zu schneiden als die Kamera zu bewegen, auch wenn er dies ab und zu tat. Jemand wie Friedrich Wilhelm Murnau mit seinem Film SUNRISE, wie LA PASSION DE JEANNE D'ARC ganz am Ende der Stummfilm-Ära gedreht, ist da die große Ausnahme. Wie dem auch sei, Kamerabewegung war möglich und den Filmemachern als ein Mittel verfügbar, das, so schien es, nur darauf wartete, genutzt zu werden. Sie bot gute Gestaltungsmöglichkeiten (*schemas*), die bei der Arbeit zu Tonfilmen herangezogen werden konnten. Folglich suchte eine große Zahl von Regisseuren – und hier werde ich mich vor allem des amerikanischen Kinos als Beispiel bedienen – nach den technischen Mitteln, die Kamera in möglichst vielfältige Bewegung zu versetzen.

Man sieht auf dem oberen Bild einer beweglichen Kamera die Räder unten leider nicht allzu gut (Abb. 1). Ganz am Ende der Zwanzigerjahre kommen die ersten mit Rädern versehenen Stative auf, die hochgezogen oder heruntergelassen werden können, je nachdem, ob die Kamera feststehen oder mobil sein soll. Auf dem unteren Bild haben wir etwas Ähnliches, das sich allerdings nicht sehr lange hielt. Es ist ein von *Bell & Ho-*

well hergestelltes Gerät, ein Kamerawagen, der von einem Mitarbeiter herumgeschoben werden konnte (Abb. 2). Die Kamera konnte an einem Schaft in der Mitte hinauf- und hinuntergekurbelt werden, konnte sowohl auf einer Drehscheibe kreisen als auch vor- und zurückgefahren werden. Häufig waren diese Kamerawagen weniger dazu gedacht, die Kamera beim Drehen zu bewegen, sondern dienten einfach dazu, die Kamera auf dem Set von einem Ort zum anderen zu befördern. Damit die Mikrofone nicht auch die Geräusche der Kamera aufzeichneten, musste diese *geblimpt* werden, das heißt, man umgab sie mit großen und ziemlich sperrigen Gehäusen, die mit Stahlwolle oder ähnlichem Material gefüttert waren und das Gerät natürlich sehr schwer und unhandlich machten. Deshalb waren die Kamerawagen häufig einfach dazu da, die Kamera für statische Einstellungen hier-

Abb. 1

Abb. 2

71

Courtesy of Metro-Goldwyn-Mayer Studios
Fig. 1. The traveling camera boom.

hin oder dorthin zu transportieren. Aber selbstverständlich wurden sie auch für Fahraufnahmen eingesetzt. Auf dem folgenden Bild sieht man eine teilweise *geblimpte* Kamera (Abb. 3). Man kann erkennen, dass die Kassetten für die Filmrollen wie in Decken eingehüllt sind, und beim Drehen wurde zusätzlich alles außer dem Aufnahmeobjektiv mit Decken verhängt. Das Ganze war also eine ziemlich primitive Angelegenheit. Später wurde dann das unförmige Schallschutzgehäuse von einem hydraulischen Schaft mit eigenen Rädern getragen.

Aber die Filmemacher wollten noch höher hinaus, und man entwarf deshalb für einen *Universal*-Film mit dem Titel BROADWAY einen riesigen Kran, beinahe so hoch wie ein Baukran, auf den die Kamera montiert wurde. Er wurde Ende der Zwanzigerjahre entwickelt und zu einer Art Prototyp für spätere Kräne. Einen *travelling camera boom* nannte man so etwas; in dem hier abgebildeten Beispiel handelt es sich um einen Kran von Metro-Goldwyn-Mayer (Abb. 4).

Die Filmemacher erkennen also allmählich, dass sie den Film optisch interessanter gestalten können, wenn sie die Kamera mit Hilfe dieser verschiedenen Vorrichtungen in Bewegung setzen, manchmal nur, um einem Dialog mehr Lebendigkeit zu verleihen. In der allerersten Version von THE FRONT PAGE von Lewis Milestone, die Anfang der Dreißigerjahre gedreht wurde, gibt es eine Szene, in der die Kamera beinahe verrückt spielt, sie ist unaufhörlich in Bewegung. Die Situation selbst ist ausgesprochen statisch, mehrere Personen im Gespräch in einem Zimmer, und Milestone beschließt, sie zu dynamisieren, indem er die Kamera im Kreis, in Diagonalen, in jeder nur erdenklichen Weise bewegt. Interessant ist, dass einige von Milestones Mitteln später aufgegriffen und im modernen Kino verwendet werden. Man denke beispielsweise an den Anfang von Quentin Tarantinos RESERVOIR DOGS (1992), wo die Männer im Restaurant sitzen und sich über das Madonna-Lied *Like a Virgin* unterhalten, während die Kamera sie umkreist. Mit dem gleichen Mittel hat 1931 Milestone gearbeitet.

Die Filmemacher integrieren also Kamerabewegung in vielfältiger Art und Weise, um Dialoge interessanter zu gestalten oder – ein beliebtes Mittel in der frühen Zeit des Tonfilms, das auch heute noch gebräuchlich ist –, um den Zuschauer gleich zu Beginn des Films mit einer gewaltigen Kamerafahrt in die Leinwandwelt hineinzutragen. Ich möchte auf einen Film verweisen, der 1929 bei MGM in schwarz-weiß und zum Teil auch im zweifarbigen Technicolor-Verfahren gedreht wurde, THE BROADWAY MELODY, einer der ersten so genannten *all-talking-pictures* überhaupt, unter der Regie von Harry Beaumont. In der Eröffnungsszene sieht man aus einem Flugzeug auf New York City. Auf die einleitende Totale (Abb. 1) folgen zwei nähere Einstellungen auf die Wolkenkratzer aus extremer Aufsicht (Abb. 2 und 3), dann der horizontal ausgerichtete Blick auf ein bestimmtes Haus, dasjenige eines Musikverlags (Abb. 4) – der Anfang von Hitchcocks PSYCHO ähnelt ein

Abb. 1

Abb. 2

Abb. 3

Abb. 4

Abb. 5   Abb. 6

wenig dieser Herangehensweise –, und schließlich landen wir in einem
Tonstudio (Abb. 5 und 6). Am Ende des Films befinden wir uns erneut
in einem geschlossenen Raum, jetzt in einem Taxi, und die Truppe muss
wieder auf Tournee gehen. Hier haben wir zwar keinen Rückzug der
Kamera (*camera movement back*), aber wir kehren wiederum zu einer
Totalen zurück. Mit anderen Worten, man begann die Möglichkeiten
der Vorwärts- und Rückwärtsbewegung der Kamera zur Einrahmung
der Filme zu nutzen.

Diese Idee ist auch noch bei Ridley Scott 1982 gültig, wie der Anfang
von BLADE RUNNER zeigt: Die Kamera bewegt sich über einer Stadt-
landschaft nach vorn. Die kurze Detailaufnahme (*flash close-up*) eines
Auges, die in dieser Einführung des Handlungsortes zweimal auftaucht,
ist eine Besonderheit, die man 1929 nicht gesehen hätte, aber das Prinzip der Vorwärtsbewegung in und zu dem Ort, wo das Geschehen sich
abspielt, ist das Gleiche. Danach sind wir in einem Innenraum, und die
Handlung kann beginnen, doch auch nochmals einen kleinen uner-
warteten Schnitt zurück machen. Dieser Film endet ebenfalls mit einer
Flugaufnahme, um sich aus dem Geschehen zurückzuziehen.

Auch als Mittel der Umrahmung wird also die Kamerabewegung in den
Tonfilm integriert. Wir können einen Film mit einer allmählichen Vorwärtsbewegung in den Raum beginnen, wo sich die Handlung entwickeln wird, wo die dramatischen Ereignisse stattfinden, und können
uns später ebenso allmählich wieder aus ihm zurückziehen.

Natürlich wünschte man in diesen frühen Tonfilmen vor allem Kamerabewegung, um etwas wie einen Bewegungsfluss entstehen zu lassen.
Man wollte die gleiche Wirkung erzielen, die mit dem Schnitt angestrebt
wurde, nur mit einer neuen Definition für den Tonfilm. Die rasche Folge von Einstellung auf Einstellung, die bisher den Rhythmus bestimmt
hat, weicht einer langsamer fortschreitenden Entfaltung, einer Art all-

mählicher Erneuerung von Raum und Blick (*vision*). Mit dieser langsamen Entfaltung wird es möglich, so etwas wie Dreidimensionalität zu suggerieren.

Es gibt einen deutschen Tonfilm aus den frühen Dreißigerjahren, der diese Besonderheit wirklich nutzt; es ist ein sehr interessanter Ufa-Film, DER KONGRESS TANZT aus dem Jahr 1931, von einem meiner Meinung nach sehr interessanten Regisseur, Erik Charell. In dem Ausschnitt, von dem ich hier spreche, fährt die Kamera mit Lilian Harvey in der Rolle der Handschuhverkäuferin Christine zurück (Abb. 1a bis d), hält die Einstellung an der Ladentür aufrecht (Abb. 1e), und erst wenn der Raum völlig ausgeschöpft ist, beginnt eine neue Einstellung, wenn Christine in den Wagen steigt, den ihr der Zar zur Fahrt in ihre Villa vorbeigeschickt hat. Charell lotet wirklich aus, wie weit er bei einer sehr komplizierten Kamerabewegung eine Einstellung durch-

Abb. 1a

Abb. 1b

Abb. 1c

Abb. 1d

Abb. 1e

Abb. 2a

Abb. 2b

Abb. 2c

Abb. 2d

Abb. 2e

Abb. 2f

halten kann: genau zweieinhalb Minuten beträgt die Länge der ersten Einstellung von dieser Kutschfahrt (Abb. 2a bis f). Man kann natürlich vorbringen, dass eigentlich das Aufkommen des Musicals diese Ästhetik der langen Kamerabewegung unterstützt, denn man will ja nicht mitten in einer Melodie oder einer Strophe eines Gesangsstücks unterbrechen. Es ist wirklich erstaunlich, dass uns der gesamte Raum der auf dem Studiogelände errichteten Stadt Wien zur glaubhaften Realität wird, weil wir durch eine dreidimensionale Zone reisen, die eine plastische Realität möglich werden lässt.

Mit das Beste an der Kamerabewegung ist, dass sie uns gestattet, verschiedene Aspekte derselben Person zu sehen, das heißt, mit der Bewegung der Kamera können wir die Frau von der Seite, von vorn, von hinten sehen; auch wenn sie sich kaum bewegt, verleiht die Kamera ihr eine dreidimensionale Qualität. Manchmal hat die Kamera einen kleinen Vorsprung, als ob die Frau eine bewegliche Skulptur wäre, und der ganze Raum gewinnt eine Greifbarkeit, die mit Montage, mit mehreren kurzen Einstellungen, so nicht realisierbar wäre. Das ist sehr typisch für Charell; er dreht in Hollywood Filme, die sich durch dieselbe Art langausgedehnter Kamerabewegung auszeichnen. Am Ende der langen Einstellung, zu deren Beginn Christine in die Kutsche stieg, ist der nun folgende Schnitt auf eine neue Strophe des Liedes genau abgestimmt (Abb. 3a bis d). Das wird zu einer Musical-Konvention: Man hat eine lange Einstellung, im Allgemeinen mit Kamerabewegung, und wenn ein größerer Teil eines Gesangsstücks vorbei ist, wird geschnitten und mit dem nächsten Teil des Gesangs neu begonnen. Das Beispiel hier zeigt wirklich eine beachtliche technische Leistung. Natürlich wird die Musik vorher aufgezeichnet, im Film bewegen die Schauspieler nur die Münder, ohne wirklich zu singen, dennoch ist die Kamerabewegung

Abb. 3a

Abb. 3b

Abb. 3c

Abb. 3d

Abb. 4

Abb. 5a

Abb. 5b

Abb. 5c

Abb. 5d

Abb. 5e

Abb. 6

erstaunlich. Wir schweben durch den Raum – ein für die Ästhetik der Kamerabewegung wichtiger Effekt –, und an einem bestimmten Punkt kann es soweit kommen, dass wir das Gefühl haben, von der Erdenschwere, die die anderen Figuren herabzieht, losgelöst zu sein. Durch die Kamerabewegung können wir zu einer Art unsichtbarem Auge werden, das sich freischwebend bewegen kann, wohin es will. Sie verleiht uns Ubiquität, wie wir sie von der Montage kennen, aber das geschieht ohne die Abgehacktheit, ohne die abrupten Wechsel, die durch die Schnittfolgen entstehen. Diese hier vorgestellte bravouröse Passage ist allerdings typischer für das Musical als für den gewöhnlichen Spielfilm.

Was nun zu sehen ist, entspricht eher dem gewöhnlichen Vorgehen beim Tonfilm: Wir begleiten die Figur, während sie einen Raum erforscht (Abb. 4) und bewegen uns von Handlungsort zu Handlungsort, sodass die Kamera ihre Begegnung mit dem Wachposten erfasst (Abb. 5a) und durch die weitere Fahrt (Abb. 5b, c) mit dem folgenden Handlungsort, hier dem Brunnen, verbindet (Abb. 5d) – man kann sogar den Kameraschatten auf der Brunnenschale sehen, wenn man genau hinschaut –, um dann am Treppenansatz innezuhalten (Abb. 5e). Die Kamerabewegung ist also nicht immer so fließend und fortlaufend wie in der vorherigen Passage während der Kutschfahrt durch die Stadt, sondern sie folgt Lilian Harvey durch die Villa, hält mit der Person an, um an einem bestimmten Punkt zu verweilen und dann die Bewegung zu einem anderen Punkt fortzusetzen, wo ein neues Motiv, hier das als Trampolin benutzte Bett, die Aktivität unserer Heldin stimuliert (Abb. 6). Wir werden Ähnliches auch bei His Girl Friday sehen.

Unter anderem wird also durch die Kamerabewegung die Bewegung der Figuren als entscheidendes Element des Kinos wieder eingeführt. In gewisser Weise haben wir es hier mit einer neuen Version des von früher bekannten Schlüssellochprinzips zu tun, der Idee, dass das Kameraobjektiv uns auf eine perspektivische Sichtweise festlegt. Daran ist wenig zu ändern. Die frühen Regisseure mögen gesagt haben, ›Da wir nun mal mit dieser perspektivischen Sichtweise geschlagen sind, wollen wir sie wenigstens so weit wie möglich aktivieren, indem wir *die Leute* vor der Kamera sich bewegen lassen.‹ Ständig wenden sie sich uns zu oder verdecken einander auf beeindruckende Art. Beim Tonfilm dagegen scheinen die Regisseure zu sagen, ›Wir haben dieses Schlüssellochprinzip am Hals, diese perspektivische Sicht des Kameraauges, es bleibt auch jetzt nur ein sehr schmaler Raumausschnitt, den wir zeigen können – also, setzen wir doch *die Kamera* in Bewegung. Schaffen wir einen gewissermaßen beweglichen perspektivischen Blick, der mit den Figuren eine dynamische Choreographie eingeht. Das bedeutet, dass wir auf alle erdenkliche Weise die Aufmerksamkeit des Zuschauers verlagern und wiedergewinnen können.‹

Es gibt eine ganze Reihe von Regisseuren, deren Werke als exemplarisch für dieses Verfahren betrachtet werden können. Max Ophüls ist einer von ihnen. Aber ich will den berühmtesten hier vorstellen, weil ich glaube, dass es von ihm noch viel zu lernen gibt, obwohl wir sein Œuvre doch recht gut kennen – das des französischen Regisseurs Jean Renoir. Ich beziehe mich jetzt auf eine Sequenz aus seinem frühen Tonfilm CHOTARD ET COMPAGNIE aus dem Jahr 1933. Man kann sehen, welchen Genuss es Renoir bereitet, die Kamera soviel wie möglich zu bewegen, jeden Schnitt zu verweigern, um uns – ähnlich wie bei Erik Charell – in diese Welt einzuführen. Bei Renoir ist jedoch alles vergleichsweise etwas holpriger und lockerer. Man hat den Eindruck, er bestehe manchmal darauf, die Kamera zu bewegen, obwohl ihm die geschmeidige Technik fehlt, die die deutschen Studios besaßen. Dennoch, sie bewegt sich und trägt uns durch diesen Raum. Wir folgen dem Protagonisten Chotard (Abb. 1a) und werden mit dem Raum vertraut gemacht, in dem sich seine Ladengeschäfte abspielen (Abb. 1b). Man sieht, wie er sich herumdreht, die Kamera ihn umtanzt (Abb. 1c), wir ertappen ihn von hinten, durch die kleinen Fensterscheiben (Abb. 1d) eingefasst, beim Telefonieren. Und als wäre die Kamera ein unsichtbarer Zeuge, versuchen wir, einen umfassenderen Blick auf ihn zu bekommen. Dazu umkreist ihn die Kamera, obwohl er selbst sich nicht bewegt. Dann aber rückt sie von ihm ab, um ihm den Freiraum zu lassen, sich zu entfernen, wenn das Telefongespräch beendet ist. Gemessen an DER KONGRESS TANZT ist das alles ein wenig unbeholfen, aber es strahlt dadurch auch Lebendigkeit aus. Jetzt scheint die Kamera bereits zu wissen, wohin er will, denn sie fährt rückwärts den Gang hinunter, den er gleich durchschreiten wird (Abb. 1e). So wie die Kamera sich durch den Raum windet, gewinnt dieser eine ungeheure architektonische Gegenständlichkeit. Die bewegliche perspektivische Sichtweise gestattet uns, Dinge im Seitenblick zu erhaschen, sie flüchtig durch ein Fenster wahrzunehmen und den Mann sozusagen schon zu erwarten, wenn er sich zum Frühstück setzt (Abb. 1f). Wieder beginnt Renoir eine neue Einstellung auf die gleiche Weise: mit einer Rückwärtsfahrt von der Stechuhr (Abb. 2a) zu den eintreffenden Arbeitern und dem Entladen des Lastwagens (Abb. 2b). Im Unterschied zu DER KONGRESS TANZT, wo Charell mit der Kamera die

Abb. 1a

Abb. 1b

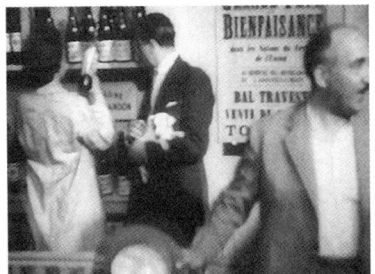

Abb. 1c

Abb. 1d

Abb. 1e

Abb. 1f

Abb. 2a

Abb. 2b

Erlebnisse und Begegnungen der Heldin verfolgt, ist für Renoir eher die Neigung charakteristisch, seine Kamerabewegungen an verschiedene Handlungsstränge zu heften, an verschiedene Figuren, deren Schicksale sich auf diese oder jene Weise verflechten. Meistens gehen mehrere Charaktere in verschiedenen Räumlichkeiten unterschiedlichen Arbeiten nach, und die Kamera erspäht sie flüchtig oder wandert von einem zum anderen. Das kann bei Renoir dazu führen, mit viel Schärfentiefe zu inszenieren, wie es uns aus einigen seiner berühmten Filme wohlbekannt ist.

Ich komme jetzt auf Renoirs Film LE CRIME DE MONSIEUR LANGE, der 1935 gedreht wurde, zu sprechen. Dort werden z.B. verschiedene Handlungsmomente auf Vorder- und Hintergrund verteilt: Während Monsieur Lange und Estelle einander umarmen, sieht man draußen einen Mann mit seinem kleinen Hund spielen. Oder man sieht, während Lange den kranken Jungen besucht, im Hintergrund die Mutter des Kranken mit einem anderen Jungen im Gespräch. Renoir interessiert sich immer für mehrere Figuren gleichzeitig, für unterschiedliche Schicksale. Es interessiert ihn, wie verschiedene Personen im selben Raum miteinander verwoben sind, und die Kamera gestattet ihm, das zu betrachten. Die Kamerabewegung ermöglicht es ihm, die Figuren in diesen diversen Räumen miteinander zu verbinden.

Eines der berühmtesten Beispiele finden wir in MONSIEUR LANGE, wenn nach dem angeblichen Unfalltod Batalas, des üblen Verlegers, Lange das Unternehmen übernimmt. Ein Projekt, das Batala sehr am Herzen lag, war die Veröffentlichung eines Schundromans, des Krimis *Javert*, und er hat die Fenster in den Hofmauern als Reklametafeln benutzt, an denen er seine Plakate aufgehängt hat. Lange beschließt, die Plakate herunterzunehmen; schließlich ist Batala tot, *Javert* wird nicht veröffentlicht werden, und außerdem verdunkelt eines der Plakate das Fenster des Zimmers, in dem der kranke Junge liegt. Wenn also das Plakat abgenommen wird, kann man endlich das Fenster aufmachen und die Sonne hereinlassen. Renoir beginnt diese Einstellung mit Lange und dem Hausmeister, die anfangen, das Plakat abzureißen (Abb. 1a). Er wendet sich von ihnen ab und hebt mit Hilfe eines Krans die Kamera in die Höhe an der Hausmauer hinauf (Abb. 1b) zu den Mitarbeitern des Verlages (Abb. 1c), die herunterschauen und die beiden unten im Hof bei ihrem Tun anfeuern. Die Kamera ist immer noch in Bewegung und gleitet am Fenstersims vorbei (Abb. 1d) wieder abwärts zu dem Plakat zurück, das abgerissen werden soll (Abb. 1e). Dann stürzt Batalas Nef-

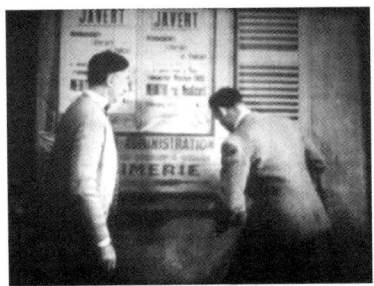

Abb. 1a

Abb. 1b

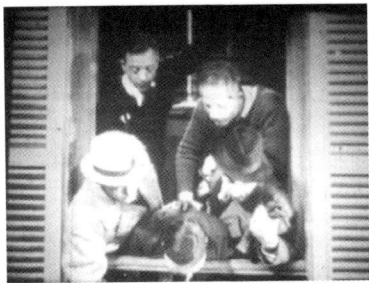

Abb. 1c

Abb. 1d

Abb. 1e

Abb. 1f

fe ins Bild und fragt Lange, ob er der Autor der *Arizona-Jim*-Serie sei (Abb. 1f). Die Kamera verknüpft, verbindet, verkettet ständig die Einzelschicksale der Figuren miteinander, auch wenn diese selbst vielleicht gar nicht direkt interagieren.

Diese Tendenz, Figuren mittels Kamerabewegung zu verknüpfen, um ein Gefühl miteinander verwobener Schicksale hervorzurufen, erreicht einen Höhepunkt in dem großartigen Film LA RÈGLE DU JEU von 1939. Mit einem Ausschnitt möchte ich zeigen, welche Virtuosität Renoir auf diesem Gebiet erreicht hat. Er bildet übrigens einen interessanten Kontrast zu dem Charell-Ausschnitt. Bei Charell begleitet die Kamera eine einzige Figur bei deren Erkundung des Raums. Bei Renoir erfasst die Kamera eine Person und lässt sie wieder fallen, um eine andere zu erfassen, und so geht es weiter. Renoir verknüpft die Figuren wirklich zu einer überschaubaren, erfassbaren (*intelligible dogmatic*) Einheit.

Eine großartige Szene ereignet sich gegen Ende des Films, wenn die Gäste für ein Fest im Schloss versammelt sind und ein kleines Vaudeville-Theater vorführen (Abb. 1). Im Bärenkostüm sehen wir Jean Renoir selbst, der die Rolle des Octave spielt (Abb. 2). Von Anfang an ist viel

Abb. 1

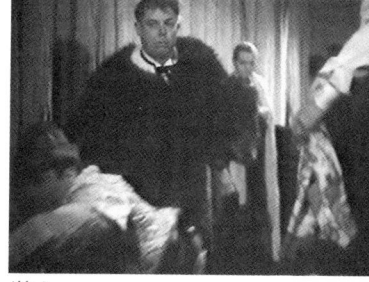

Abb. 2

Abb. 3

Abb. 4

Abb. 5

Abb. 6a

Abb. 6b

Abb. 7

Abb. 8a

Abb. 8b

Betriebsamkeit in den Einstellungen. Man kann sehen, wieviel sicherer und präziser Renoir seit CHOTARD ET COMPAGNIE darin geworden ist, die Personen zu bewegen. Innerhalb des Vaudeville-Theaterstückes beginnt jetzt dieser Totentanz. Wie zuvor schwenkt Renoir von den Figuren fort, um einzelne Personen zu erfassen (Abb. 3), die Kamera ist sozusagen ihr eigener Herr, der sich durch das Schloss bewegt. Der Raum ist hier einesteils sehr flach gehalten und in die Breite gezogen, ein Theaterraum (Abb. 4), anders als der Raum, den Renoir gleich erforschen wird. Wir können bereits durch eine Spiegelung (Abb. 5) erkennen, wie Renoir mit der Tiefe spielt. Nun sprengt das Theater seine Grenzen: Die Darsteller laufen in den Zuschauerraum hinüber (Abb. 6a), die Bewegung führt uns in den Hintergrund zu den architektonischen Details dieser Türen rechts und links und dem Raum dazwischen, der bald zum Schauplatz des Geschehens wird (Abb. 6b). Renoir bietet uns auf seine Weise einen *establishing shot*. Wir sehen den Flirt des Dienstmädchens Lisette (Abb. 7) mit dem einstigen Wilderer Marceau. Die Kamera folgt daraufhin dem Wildhüter Schumacher im Hintergrund (Abb. 8a), der der eifersüchtige Ehemann Lisettes ist. Mit ihm schwenkt die Kamera weiter zur nächsten Tür (Abb. 8b), um auf Christine, der Frau des gast-

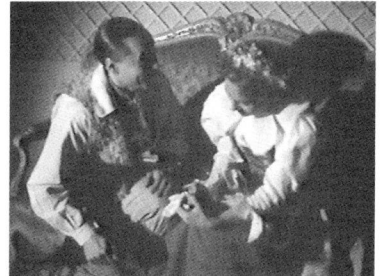

Abb. 8c

Abb. 8d

Abb. 8e

Abb. 8f

Abb. 8g

Abb. 8h

Abb. 9a

Abb. 9b

Abb. 9c

gebenden Marquis de Chesnaye, und dem mit ihr flirtenden Monsieur de Saint-Aubin kurz zu pausieren (Abb. 8c), wandert weiter zur dritten Tür, durch die Schumacher hereinkommt und seine Lisette beim Flirt mit Marceau ertappt (Abb. 8d) und schwenkt abermals weiter nach rechts, um bei André Jurieu, dem eifersüchtigen Piloten stehenzubleiben (Abb. 8e). Es spielen sich also zwei Dramen ab, eines zwischen den Dienstboten, das andere zwischen den Adeligen. Dann schwenkt die Kamera wieder zurück zu den einen wie zu den anderen (Abb. 8f). Die Parallelen zwischen den Figuren, sowohl in Bezug auf Handlung als auch Bewegungsmuster, werden also unterstrichen, indem die Kamera gewisse Ausschnitte einfängt und betont. Und wieder folgen wir Christine und Monsieur de Saint-Aubin (Abb. 8g), die davongehen, um weiß Gott was zu tun (Abb. 8h). In die nächste Einstellung platzt Octave hinein und ruft dem Paar hinterher (Abb. 9a), das keine Zeit hat, ihm beim Ausziehen des Bärenfells behilflich zu sein. Wir lassen das Paar in der Ferne verschwinden und bleiben stattdessen bei Octave (Abb. 9b), den die Kamera mit Geneviève, dem Marquis de la Chesnaye und Jurieu verbindet (Abb. 9c). Man sieht, es ist alles viel sicherer, präziser, straffer geführt als in CHOTARD ET COMPAGNIE, aber die Prinzipien sind dieselben: Es geht immer um die Verknüpfung der Figuren durch die Kamera.

Für André Bazin war dieser Film, als er ihn nach dem Krieg sah, eine Offenbarung. Er behauptete, Renoir habe in gewisser Weise einen neuen Stil für den Tonfilm entdeckt, der nicht nur über den sehr abstrakten Einsatz der Montage hinausgehe, sondern auch über den der *découpage*. Man brauche im Grunde keine nahen und halbnahen Einstellungen, keine Totalen und ständigen Schnitte, wenn man diese fließende Kamerabewegung habe und auch die flüssige Inszenierung der Handlung sowohl in seitlicher Richtung quer durch das Bild als auch in dessen Tiefe. Bazins Behauptung zufolge hat demnach Renoir die konventionelle analytische Montage, wie wir sie beispielsweise in der Zugszene aus TWENTIETH CENTURY sahen, mit einem Sprung überwunden, indem er einen Weg entdeckte, mit *einer* über lange Zeit durchgehaltenen Einstellung die Aufmerksamkeit des Zuschauers und sein Verständnis der Geschehnisse und der Emotionen, um die es geht, zu steuern. Und er war sehr angetan von dieser Theorie, weil er glaubte, hier habe Renoir den Durchbruch vorweggenommen, der für ihn – Bazin – mit den beiden amerikanischen Regisseuren Orson Welles und William Wyler verbunden ist.

Bazin zufolge ist Renoirs Umgang vor allem mit dem Tiefenraum, wo er auf verschiedenen Ebenen viele Dinge gleichzeitig geschehen lässt, eine Vorschau auf das, was Welles später in CITIZEN KANE tun wird. Ich denke, diese Bilder sind aufgrund ihrer Berühmtheit bestens bekannt. Sie zeigen, wie Welles es in KANE im Jahr 1941 schafft, uns drei wichtige Informationen in einer Kadrierung zu liefern (Abb. 1). Im Vordergrund sehen wir das Glas und die Flasche, wir sehen Susan als Silhouette und hören ihr keuchendes Atmen, und von hinten stürzt ihr Mann, Charles Forster Kane, herein. Wir schließen daraus, dass sie versucht hat, sich das Leben zu nehmen. Wir tun dies *nicht* mittels Montage, es gibt keine Schnitte. Wir erschließen es aufgrund dieser Anordnung der Informationsverteilung über drei Ebenen hinweg. Ein anderer Regisseur hätte uns vielleicht eine Nahaufnahme von Flasche und Glas gezeigt, eine Nahaufnahme der sich unruhig im Bett hin und her werfenden Susan, eine halbnahe Einstellung auf Kane, der von außen wie ein Wilder an die Tür hämmert; hätte dann zurückgeschnitten auf eine Einstellung von ihr im Bett, wieder auf Kane und so weiter. Welles jedoch komprimiert alle diese Informationen in einer einzigen Einstellung mit drei Handlungsebenen, deren dramaturgische Verbindung wir greifbar vor uns sehen. Welles tut auch noch anderes; er führt Neuerungen ein, die über Renoir hinausgehen, beispielsweise indem er manche Dinge im Vordergrund ganz groß zeigt (Abb. 2).

Genauso macht es Wyler in THE LITTLE FOXES, der im selben Jahr gedreht wurde wie CITIZEN KANE, und bei uns entsteht ein Empfinden,

Abb. 1

Abb. 2

das ansonsten nur durch Montage zweier Einstellungen à la Kuleshov hätte hervorgerufen werden können, nämlich durch Großaufnahme des Mannes und einer Detailaufnahme der Nervosität verratenden Hand. Wyler jedoch packt alles in eine einzige Einstellung (Abb. 3).

Ganz nahe Bildelemente im Vordergrund unterstützen dieses Verfahren, aber ebenso präzise Hintergrundinszenierungen wie in CITIZEN KANE (Abb. 4): halbnahe Einstellung auf Thatcher im Vordergrund mit Kane in der Ferne, der im Lauf der Szene nach vorn kommt. Diese Art des ausgewogenen und sorgfältigen Umgangs mit dem Raum und den Figuren ist also innerhalb einer einzigen Kadrierung möglich. Kehren wir noch einmal zu THE LITTLE FOXES zurück: Alle Figuren werden hier so gruppiert (Abb. 5), dass wir die Möglichkeit haben, uns ganz auf das Erscheinen der Tochter Zan im Hintergrund zu konzentrieren, weil zwischen den beiden Köpfen der Männer im Vordergrund genügend freier Raum gelassen wurde, den sie besetzen kann, bevor sie im nächsten Moment die Stufen herunterkommen wird.

Abb. 3

Bazin zufolge gibt es bei Welles und Wyler, auf Renoir aufbauend, eine Art Befreiung des Blicks. Sie räumen dem Zuschauer in Bezug auf das, was er sieht und wann er es sieht, eine gewisse Freiheit ein. So bleibt es, Bazin zufolge, in einer Einstellung wie der folgenden aus CITIZEN KANE dem Zuschauer freigestellt, worauf er seinen Blick richtet: Man kann die Reaktion der Mutter beobachten, während sie ihren Sohn an andere Leute abtritt; oder Thatchers geschäftsmäßiges Gebaren; oder die hilflo-

Abb. 4

Abb. 5

Abb. 1

Abb. 2

se Besorgnis des Vaters; oder man kann, durch das Fenster hindurch den im Schnee spielenden Jungen – weil er im Zentrum steht – beobachten (Abb. 1), der keine Ahnung hat, dass er aus seinem Zuhause vertrieben werden soll. Nach Bazins Meinung wird dem Zuschauer damit eine neue Interpretationsfreiheit geboten. Man kann den Raum betrachten und daraus etwas herausziehen, es anders wieder zusammensetzen (*sample it*); man kann ihn erforschen, man kann herausschneiden, was immer man für die sich entwickelnde Handlung für bedeutsam hält.

In dieser Szene aus Wylers großartigem Film THE BEST YEARS OF OUR LIVES (Abb. 2) ist der Raum so organisiert, dass man Homer direkt von vorn sieht und daher geneigt ist, ihm zuzusehen, wie er mit seinen Haken hantiert – er ist ohne Hände aus dem Krieg zurückgekehrt; man hat aber auch die gleichgültige Reaktion einiger seiner Nachbarn und links die Frau, die ihn liebt, im Blick. Bazin zufolge gewährt also der Filmemacher dem Zuschauer eine gewisse Freiheit im Hinblick darauf, wie und was er zum Verständnis der Handlung auswählt. Für Bazin sind die komplexen Kamerabewegungen und die Tiefeninszenierung bei Welles und Wyler, wenn auch häufig vor statischer Kamera, im Grund Teil eines breiteren Trends, den Renoir eingeleitet hat.

Ich möchte Bazin nicht in allem beipflichten – obschon er in vieler Hinsicht recht hat –, sondern einige seiner Argumente modifizieren. Meiner Ansicht nach ist es zutreffender zu sagen, dass wir bei einigen Regisseuren in dieser Ära des entwickelten Tonfilms eine Abwandlung (*refashioning*) jener Techniken der Tiefeninszenierung finden, denen wir in Filmen wie INGEBORG HOLM, RED AND WHITE ROSES und Feuillades LES VAMPIRES bereits begegnet sind. Das frühe Kino hat sich auf seine Weise mit dem Problem der optischen Pyramide auseinandergesetzt; ich würde behaupten, dass man jetzt, nachdem der Tonfilm da ist, über ein

Mittel verfügt, die Aufmerksamkeit des Zuschauers zu steuern, das Feuillade und seinen Zeitgenossen nicht zur Verfügung stand, und das ist die Stimme. Wir können die Entwicklung der Ereignisse verfolgen, indem wir, genau wie wir das im Leben tun, den beobachten, der spricht. Wir sind Zeugen des Gesprächs, wir haben die Neigung jeweils den Sprechenden anzusehen, wenn wir auch in gewissen Momenten sicherlich die Reaktion der Zuhörer beachten werden. Unter Renoir, Welles und Wyler macht der Tonfilm sich unsere natürliche Neigung zunutze, jeweils den Sprechenden anzusehen, und kann davon profitieren, indem er uns ein ganzes Feld bietet, in dem unsere Aufmerksamkeit wandern kann, jedoch unter der immer noch gültigen Voraussetzung, dass wir weiterhin auf dieselben Signale reagieren wie im normalen Leben und wie sie im früheren Kino eingesetzt wurden. Wyler arbeitet also weiter mit Zentrierung; Homer befindet sich genau in der Mitte der Kadrierung, wir sehen ihn gut beleuchtet und frontal, er ist der Angelpunkt der Szene. Auch wenn unsere Aufmerksamkeit vielleicht abgelenkt wird, wenn ein Mann im Hintergrund oder Homers Freundin spricht, geschieht das doch stets in Beziehung auf Homer. Es ist ähnlich wie in Ingeborg Holm, wo in den untersuchten Szenen alles, was die Figuren tun, ihre Stellung im Raum, ihre Reaktion auf die dramatischen Ereignisse, auf Ingeborg bezogen ist. Es besteht also die Möglichkeit, unsere Aufmerksamkeit innerhalb der Kadrierung sehr geschickt zu lenken und umzulenken.

Das kann durch die Arbeit der Kamera noch weiter getrieben werden. Renoirs bewegliche Kamera ist tatsächlich ein weiteres Mittel, um den Handlungsraum zu erforschen, abzutasten (*to scan*) und unsere Aufmerksamkeit auf die jeweils wichtigen Ereignisse zu lenken. Dabei geht es nicht nur um die Frage, wer spricht, sondern wer bewegt sich, wer ist frontal zu sehen, wer ist der Kamera am nächsten und so weiter. Ich würde also das Argument ins Feld führen, dass die von Bazin so sehr bewunderten Regisseure stilistische Mittel und Lösungen, die man im Stummfilm herausgearbeitet hatte, um die Handlung innerhalb der Kadrierung zu organisieren, wieder aufnahmen und mittels Kamerabewegung und anderer Elemente neu belebten und überarbeiteten. Außerdem ist nicht zu vergessen, dass diese Kamerabewegungen und Tiefeninszenierungen noch immer innerhalb dessen funktionieren, was Bazin *découpage* nannte, die nicht etwa entfiel; die Filme wurden immer noch so gedreht und geschnitten, wie wir das seit der Stummfilmzeit beschrieben haben – nach dem *continuity*-Verfahren. Die *continuity*-Mon-

Abb. 1   Abb. 2

tage bleibt nachweislich noch immer das Gerüst der Filme, die seit Beginn der Tonfilm-Ära auf der ganzen Welt gemacht werden. Wylers Schärfentiefe-Inszenierungsweise ist immer als Teil innerhalb einer breiteren analytischen Montage zu begreifen. In diesem Beispiel haben wir wieder diesen Einsatz der Schärfentiefe (Abb. 1): großer Vordergrundbereich, hervorstechender Mittelgrund, zentrierter Hintergrund – aber diese Unterhaltung am Frühstückstisch ist als Schuss/Gegenschuss-Szene geschnitten (Abb. 2). Wir schneiden auf Leo, der von Dan Duryea gespielt wird, um zu zeigen, dass er sich in der Mitte befindet; dann auf Birdie, dann auf Oscar, immer hin und her. Die Prinzipien der Schärfentiefe, die Wyler dem Film beisteuert, sind also immer eingebettet in Rahmenbedingungen, die von *continuity-découpage* abhängig sind.

In einem Fall, wo Wyler uns mit einer erstaunlichen Einstellung in The Best Years of Our Lives überrascht, hat Bazin Folgendes bemerkt. Die dramatische Handlung, wie Bazin es formuliert, erfährt eine Umkehrung: Das wichtigste dramatische Ereignis findet *nicht* im Vordergrund beim Klavier statt, obwohl es interessant ist – Bazin nennt es eine Ablenkung oder Scheinhandlung. Das wichtigste Ereignis spielt sich in der Telefonzelle im Hintergrund ab (Abb. 3), wenn Fred Peggy anruft, um ihr zu sagen, dass er mit ihr Schluss machen will, weil Al, von Frederic March gespielt, vorn im Bild, das von ihm verlangt hat. (Al ist Peggys Vater). Bazin war davon ganz begeistert, weil es die dramatischen Wertigkeiten völlig umkrempelt; wir erwarten, das dramatischste Element der Szene im Vordergrund zu sehen, und das am wenigsten wichtige im Hintergrund. Stattdessen verlagert Wyler das wichtigste Element in weite Ferne und stellt ein relativ nebensächliches Ereignis in den Vordergrund. Aber dann hält Wyler, wie Bazin vermerkt, diese Einstellung nicht durch; er schneidet. Anstatt es bei einer langen, ununterbrochenen Einstellung zu belassen, wie Welles es mit der Flasche und dem Glas

Abb. 3

Abb. 4

tat, schneidet er auf Al, der Fred bei dem Anruf beobachtet (Abb. 4).
Das ist eine klassische analytische Montage, wie sie bei Regisseuren seit
etwa 1910 üblich war. Wir haben so etwas zum Beispiel in einem Oskar-
Messter-Film gesehen. Es ist also in gewisser Weise eine durchaus tradi-
tionelle Technik. Das Ganze wirkt so, als hätte Wyler an die Grenzen des
Systems gehen wollen, als hätte er sich gefragt, ›Wie weit kann ich ein
wirklich wichtiges Handlungselement in den Hintergrund schieben?
Doch dann muss ich dafür sorgen, dass der Zuschauer es dennoch begreift, deshalb werde ich auf eine nahe Einstellung schneiden.‹ Bazin behauptet, ›Wyler ist eben ein vorsichtiger Regisseur, er ist pragmatisch, er
möchte sicher gehen.‹ Welles hätte es vielleicht auf die Spitze getrieben.
Wyler ist nicht ganz so wagemutig. Dennoch hat diese Art der Inszenierung bei Wyler System, wie wir auch in der erstaunlichen Szene am
Schluss von THE BEST YEARS OF OUR LIVES sehen (Abb. 5), in der drei
Paare sich finden: das alte Ehepaar in der Mitte, das seine Probleme be-
reinigt hat; das frischverheiratete Paar – wir sind auf der Hochzeit von
Wilma und Homer –; und schließlich die beiden, die bald ein Paar sein
werden, Peggy hinten links und Fred am linken Rand im Vordergrund.
Wieder bietet uns Wyler diese wunderbar dichtgedrängte Komposition,

bei der die Parallelen zwischen
drei Paaren gezogen werden, die
der Tiefe nach gestaffelt sind und
Vorder-, Mittel- und Hintergrund
ausfüllen: Der Hintergrund mit
den frontal aufgenommenen Figuren, die uns direkt anblicken,
ist das Entscheidende. Und wieder
sorgt der vorsichtige Wyler dafür,
dass wir verstehen, dass sich die

Abb. 5

Abb. 6

Abb. 7

Szene in Wirklichkeit um Peggy und Fred dreht. Sie sind in diesem Moment der Krönung ihrer Romanze die wichtigsten Figuren im Film. Daher also eine Einstellung auf Peggy (Abb. 6), und Fred (Abb. 7) erwidert den Blick. Denn genau da spielt sich das Drama ab. Wyler hat auch in dieser Szene die näheren Einstellungen für uns eingefügt.

Die Erörterung dieser ersten Strategie, dem Tonfilm durch Kamerabewegung eine neue visuelle Dynamik mitzugeben, hat uns zur zweiten geführt: Wir haben gesehen, dass diese Technik der Kamerabewegung, die von den Filmemachern vielfältig und häufig auf sehr dynamische und aufregende Weise eingesetzt wurde, immer im Kontext der Montage angesiedelt ist. Ich möchte daher behaupten, dass die zweite Strategie, die die meisten Filmemacher für sich entdeckten, im wesentlichen darin bestand, die Montage in den Tonfilm zu re-integrieren. Nicht nur begannen sie, die Kamera in Bewegung zu setzen, sie suchten nach Wegen, um einen Tonfilm wie einen Stummfilm mit Ton zu machen; einen Film mit der visuellen Dynamik des Stummfilms, aber dazu mit Stimmen, Musik und anderen Geräuschen. Mit anderen Worten, so groß auch das Interesse der Filmemacher an den Möglichkeiten der Kamerabewegung war, sie wollten jene Optionen wiedergewinnen, die sie in der Stummfilmzeit gehabt hatten, die der Ubiquität durch Montage. Deshalb sind alle Filmstile der Tonfilmzeit, die wir sehen, im Grunde Zwitter – lange Einstellungen, Kamerabewegung in einem Rahmen von *continuity*, durchsetzt mit Zwischenschnitten.

Das war nicht auf Anhieb so leicht zu erreichen wie in der Stummfilmzeit. Ganz zu Beginn war es sehr schwierig, eine Folge kurzer Einstellungen mit synchronem Ton zu drehen. Man konnte kurze Einstellungen drehen, wenn man sich nicht um die Synchronität des Dialogs kümmern musste. Aber sobald man darauf achten musste, dass die Lippenbewegungen mit der Tonspur übereinstimmten, war es, wie die Filmemacher feststellten, unmöglich, eine Folge von kurzen Einstellungen, beispielsweise ein Hin und Her zwischen zwei Dialogpartnern, ohne großen Aufwand zu drehen. Es war umständlich und schwierig. Anders gesagt, man hatte im Grunde genommen nur wenig Ahnung vom Tonschnitt.

Deshalb begannen die Regisseure zunächst, mit mehreren Kameras gleichzeitig zu drehen. Sie inszenierten eine Handlung in einem Tonfilm-Studio und stellten zwei, drei, vier, manchmal bis zu sechs Kameras auf, um die Handlung aus verschiedenen Positionen aufzuzeichnen, genau wie es heute beim Fernsehen geschieht. Die meisten Live-Programme oder Sitcoms und ähnliches werden mit mehreren Kameras aufgenommen; in der Steuerkabine wechseln der Regisseur oder die Bildregie einfach die Aufnahmewinkel, und das wird dann im Allgemeinen auf Band aufgezeichnet. Nach dem gleichen Prinzip arbeitete man in der frühen Tonfilmzeit mit multiplen Kameras, um sicherzustellen, dass der Handlungsablauf auf einem fortlaufenden Filmstreifen aufgezeichnet war. Danach konnte der Ton problemlos geschnitten werden, denn man hatte ja fünf Filmstreifen, von denen jeder durch Perforierung oder auf andere Art mit einer Tonspur synchron war. Man brauchte sie nur noch zusammenzuschneiden, und das fortlaufende Band garantierte Kontinuität und Synchronität. Da die Kameras Geräusche machten, mussten sie in schalldichten Kabinen untergebracht werden, die wie kleine Kioske oder Telefonzellen aussahen (siehe Abb.).

Bei dieser hier während der Dreharbeiten gezeigten Musiknummer kann man deutlich sehen, dass sie von drei Kamerapositionen aus gefilmt wird: Wir haben also drei Kabinen, drei Kameras, wahrscheinlich mit

Kamerakabinen im Studio von Warner Brothers

Objektiven unterschiedlicher Brennweite. Eine von ihnen, wahrscheinlich die mittlere, hat ein Weitwinkelobjektiv, das einen großen Bildraum erfassen kann, während die beiden anderen vermutlich Objektive mit längeren Brennweiten haben, die nur jeweils einen Ausschnitt des Bildes erfassen, ähnlich wie ein Teleskop nur Details vergrößert. Wir sind hier in den Dreißigerjahren beim Drehen von MAMMY in den Warner-Bros.-Studios. Im Resultat ist das ein recht grobes Bemühen der Rückkehr zur *découpage*, zu der Montageform, die wir seit den Anfängen der Stummfilmzeit kennen. Dazu ein kurzes Beispiel aus einem RKO-Film

Abb. 1a

von 1931 mit dem Titel MILLIE: Eine Einstellung zeigt den Mann, wie er versucht, Millie zu verführen (Abb. 1a); dann steht sie auf und geht links aus dem Bild (Abb. 1b). Dieser Vorgang wird von der einen Kamerakabine aus gefilmt. Dann folgt ein Schnitt auf eine Totale von einer anderen Kameraposition aus (Abb. 2). Sie

Abb. 1b

Abb. 2

Abb. 3

Abb. 4

ist auf die anderen Seite des Zimmers geeilt, und wir sehen das Geschehen durch ein anderes Kameraobjektiv. Wahrscheinlich hatte eine rechts plazierte Kamera das aufgenommen, was wir zuvor gesehen haben. Jetzt haben wir einen Blick direkt von vorn. Wenn Millie dann zur Tür geht, folgt ein Umschnitt auf eine Einstellung mit längerer Brennweite (Abb. 3). Danach sehen wir noch in einer totalen Einstellung, wie der Mann Millie in sein Schlafzimmer mitnimmt (Abb. 4), um sie zu verführen. All diese Kameras sind also auf dem Set in ihren Kabinen postiert, um von dort die Handlung einzufangen.

In einem Ausschnitt aus dem Film BROADWAY MELODY, dessen Einleitungssequenz ich schon angesprochen hatte, kann man sehen, wie das funktioniert. Eine Kamera nimmt die halbtotale Einstellung von Bessie Love in der Rolle von Hank in deren Garderobe auf (Abb. 1). Es folgt ein sehr ungewöhnlicher Schnitt auf eine halbnahe Einstellung (Abb. 2), denn zuvor war die Kamera – von der Frau aus gesehen – mehr zu deren rechter Seite postiert. Dann vergrößert ein Teleobjektiv die Frau (Abb. 3) und Charles King in der Rolle von Eddie, ihren Gesprächspartner (Abb. 4). Man sieht, die wacklige Qualität der Rekadrierung aufgrund kleiner Korrektu-

Abb. 1

Abb. 2

Abb. 3

Abb. 4

Abb. 5

Abb. 6

ren mit leichten Kameraschwenks (Abb. 5); das unterscheidet sich von der präzisen, ruhigen Kadrierung, die wir bei Lubitsch gesehen haben. Hier wird hin und her geschnitten, und manchmal ragt der Mann rechts ein kleines Stück in ihre Kadrierung hinein (Abb. 6). Es sieht aus, als wären da ungefähr drei bis vier Kameras an der Arbeit. Es entsteht eine ununterbrochene Tonspur, und man braucht die Schnitte nur auf diesen langen Tonstreifen abzustimmen, denn man hat Filmmaterial aus all diesen verschiedenen Positionen.

Es ist fast wie beim Filmen eines Sportereignisses: kleine, wackelige Kamerabewegungen, häufige Rekadrierungen sind vorherrschend. Die Kamera schwenkt etwas mit, dringt aber nicht wirklich in das Geschehen ein. Wir beobachten alles wie von außen, aus einer gewissen Distanz, selbst wenn Teile davon mit Teleobjektiven vergrößert werden. Aber so sind wenigstens die Prinzipien der *découpage* gewahrt. Es existieren immer noch *establishing shots*, auf die wir zurückgehen können (vgl. Abb. 5). Alles in allem handelt es sich hier um eine Re-Absorbierung der Montage im Stile des Tonfilms.

Mitte der Dreißigerjahre hat sich der Tonschnitt entwickelt. Man muss nicht mehr mit mehreren Kameras gleichzeitig drehen, sondern kann mit einer einzigen Kamera filmen und bekommt dadurch ein sehr geschmeidiges, flüssiges Produkt wie das folgende, wo Kamerabewegung und Montage sehr sanft miteinander verbunden werden. Der Ausschnitt stammt aus Michael Curtiz' THE CHARGE OF THE LIGHT BRIGADE von 1936. Wir beginnen mit einem *master shot*

Abb. 1

98

Abb. 2

Abb. 3

Abb. 4a

Abb. 4b

Abb. 4c

Abb. 4d

(Abb. 1), schneiden in genauer Abstimmung auf die Handlung zur Nahaufnahme um (Abb. 2), sodass die Prinzipien der Montage zum Tragen kommen. Es entsteht ein geschmeidiger, ruhiger Schnitt; Gegenschuss halbnah auf Errol Flynn (Abb. 3), der versucht, seinen Bruder vor
der Schlacht zu bewahren, indem er ihn als Boten verwendet. Wenn
Flynn aufsteht und nach rechts geht, kehren wir zum *mastershot* zurück
(Abb. 4a), die Kamera bewegt sich leicht nach vorn und fährt nah an die
beiden heran (Abb. 4b). Der Bruder verschwindet im Hintergrund
(Abb. 4c), während die Kamera näher an Flynn heranfährt (Abb. 4d).

In den Dreißigerjahren wird also die Verbindung von Montage und Kamerabewegung wirklich ausgefeilt, wir haben das bis zu einem gewissen Grad schon bei Renoir gesehen.

Hawks' Arbeit ist dem vergleichbar. Hawks ist ein interessanter Regisseur, der Stumm- und Tonfilm-Prinzipien miteinander verknüpft, aber mit dem Tonfilm eigentlich zu seinem eigenen Stil findet. Es gibt bei ihm die klassische Montage, wie wir sie schon in TWENTIETH CENTURY gesehen haben, und er versteht in den frühen Dreißigerjahren sehr gut, mit der *découpage* umzugehen. Interessanterweise bleiben dabei einige der Stummfilm-Optionen, in der Tiefe zu inszenieren, erhalten.

Ich hatte vor dieser Vorlesung HIS GIRL FRIDAY projizieren lassen, weil der Film wirklich veranschaulicht, was ich für den ›reifen Stil‹ des Tonfilms halte, und nicht nur in Hollywood, sondern in den meisten Filmländern der Welt: eine Mischung aus langen Einstellungen, sehr geschmeidiger Kamerabewegung, präzisem Spiel mit der Tiefe, aber auch Montage, die zunehmend dazu eingesetzt wird, die dramatische Handlung zu pointieren und zu akzentuieren. In gewisser Weise ist es ein sehr *theaterhafter* Film. Die Handlung spielt sich größtenteils in Innenräumen ab, Außenaufnahmen gibt es kaum, und gerade in der letzten halben Stunde, wo ständig Leute in den Presse-Raum stürmen und wieder hinausrennen, wirkt das Ganze wie auf der Bühne, aber meiner Meinung nach ist es sehr stark kinogemäß dynamisiert. Im Resultat entsteht somit ein sehr *filmischer* Film.

Seine Zwitterqualität zeigt sich gleich zu Anfang in sehr langen Einstellungen mit bewegter Kamera, die fortwährend in *establishing shots* und *re-establishing shots* aufgelöst werden. Wir beginnen mit einer Kamerafahrt nach links (Abb. 1a), werden durch die Redaktion der *Morning Post* (Abb. 1b) bis zu deren Telefonzentrale geführt, die für das Drama wichtig ist (Abb. 1c), denn viele Gespräche laufen ja über diese Zentrale. Dann kommt plötzlich ein Mann ins Bild (Abb. 1d) – wir können uns hier an Renoir erinnern, denn Hawks' Film wurde beinahe genau zur gleichen Zeit wie LA RÈGLE DU JEU gemacht – die Kamera begleitet diesen Mann beim Hinausgehen (Abb. 1e), und indem andere Personen um ihn herum allmählich den Raum freimachen, werden zwei Aufzüge sichtbar (Abb. 1f). Der Mann betritt den linken Aufzug, während sich im selben Moment der rechte öffnet, aus dem die beiden Protagonisten Hildy und Bruce heraustreten (Abb. 1g). Die gesamte Zeit herrscht im Vordergrund noch immer geschäftiges Durcheinander. Die Hauptfiguren kommen auf einer Diagonalen im Mittelgrund näher (Abb. 1h) –

Abb. 1a

Abb. 1b

Abb. 1c

Abb. 1d

Abb. 1e

Abb. 1f

Abb. 1g

Abb. 1h

Abb. 1i

Abb. 2

Abb. 3

Abb. 4

es ist noch dieselbe Einstellung –, Hildy tritt zu den Mädchen (Abb. 1i) und spricht mit ihnen. Dann geht sie zu Bruce zurück, es folgt ein Schnitt (Abb. 2), um mit einer näheren Einstellung (Abb. 3) ein Stück Dialog zu akzentuieren: »Wenn du nicht bei mir bist, sind schon wenige Minuten endlos«, und das zeigt uns, was für ein Windbeutel diese von Ralph Bellamy gespielte Figur ist. Aber Hildy schluckt es (Abb. 4). Die Schnitte und die näheren Einstellungen dienen also dazu, bedeutsame Momente, Schlüsselinformationen oder Reaktionen der Figuren hervorzuheben.

Dann kehrt Hawks zu einer Totalen zurück und führt uns mit flüssiger Kamera- und Personenbewegung durch den Redaktionsraum. Hildy geht und verschwindet in der Ferne. Diese Wanderung – wir erinnern uns an die erste Fahraufnahme, die den Raum der *Morning Post*-Redaktion ausgemessen hatte! – gab es schon einmal. Aber beim ersten Mal fand sie unabhängig von irgendeiner Person statt, die Kamera spazierte einfach umher. Beim zweiten Mal folgen wir Hildy durch diesen Raum. Sie wendet sich von Bruce ab, und es folgt ein perfekt auf die Bewegung abgestimmter Schnitt auf sie, wie sie langsam hindurchschlendert und verschiedenen Leuten begegnet. Der Rhythmus des Films basiert also im

Grund auf den dynamischen Bewegungen der Figuren, die die Kamera begleitet, und wird dann abgestimmt auf oder akzentuiert durch bestimmte Schlüsselelemente der Mimik oder der Wortwechsel zwischen den Figuren. Sie geht in Walters Büro hinein, klopft von innen an die Tür, wir bekommen diese Bewegung des Klopfens gezeigt – wieder ein solcher Akzent –, ehe wir den *establishing shot* sehen. Aber Hawks, der Anhänger der *découpage*, bringt uns den *reaction shot* und dann den *master shot*, sodass eine Rückorientierung in Bezug auf die Situation ermöglicht wird.

An diesem sehr flüssigen und geschmeidigen Stil möchte ich einige Dinge hervorheben. Hawks erreicht darin eine große visuelle Variationsbreite, Ähnliches haben wir in DER KONGRESS TANZT gesehen oder vielleicht mehr noch bei Renoir. Dieses ständige Erforschen verschiedener physischer Aspekte der Figuren – ihr Aussehen aus verschiedenen Blickwinkeln, ihre Beziehung zum Raum um sie herum, vor allem hinter ihnen –, das ist für einen Film, in dem sehr viel geredet wird, eine Menge Abwechslung für die Augen. Bei manchen Bildern könnte man glauben, dass einige der Prinzipien, die Bazin in CITIZEN KANE und Wylers Filmen so sehr bewunderte, auch hier präsent sind – Vorder-, Mittel- und Hintergrund werden direkt vor uns ausgebreitet (Abb. 1 und 2). Die gleiche Art der bildlichen Anordnung (*visual design*) ist in vielen Einstellungen in HIS GIRL FRIDAY zu sehen.

Die visuelle Vielfalt in Hawks' Inszenierungsstil besteht eigentlich aus vielen Variationen derselben tänzerisch anmutenden Kreisbewegungen. Cary Grants Spiel ist erstaunlich; er dreht sich in jede denkbare Richtung, während er vor- und zurückschreitet (*pacing in depth*). Die Bewegungen verlaufen sowohl um seinen Schreibtisch herum als auch nach vorn und münden in dasselbe Schema, das wir schon gesehen haben: Für die wichtigen Pointen kommen die Akteure in den Vordergrund, zum

Abb. 1

Abb. 2

Abb. 1a

Abb. 1b

Abb. 2a

Abb. 2b

Abb. 2c

Abb. 2d

Abb. 2e

Abb. 3

Beispiel zum Telefon. Die Kadrierung ist wirklich der Kreuzungspunkt, worin die in sein Büro hereineilenden Leute von mehreren Seiten her zusammentreffen. Bisweilen wird der Schreibtisch zum Orientierungspunkt und Hildy zum statischen Mittelpunkt.

Wir sehen, wie Hawks die einfachsten Requisiten – zum Beispiel den Schreibtisch, um den er die Figuren in allen Richtungen herumgehen lässt – als organisierende Elemente nutzt, um uns solche visuelle Dynamik zu bieten. Im Grunde ähneln die Figuren freistehenden rotierenden Skulpturen im Raum, nur ist es in diesem Fall so, dass sie sich zudem bewegen und die Kamera sich nochmals um sie herum bewegt. Und das bringt die ungeheure visuelle Vielfalt hervor.

Hinzu kommt meiner Meinung nach eine Art visueller Nuancierung: eine ständige Verlagerung der Aufmerksamkeit und Betonung bestimmter Vorgänge, was im Laufe der filmischen Entwicklungsgeschichte erworben wurde. Deren erstaunliches Ergebnis ist, dass man gelernt hat, Abstufungen zu schaffen zwischen demjenigen, was von großer, mittlerer oder geringer Bedeutung ist, oder gelernt hat, einen allmählich auf dasjenige vorzubereiten, was bald Bedeutung erlangen wird. Hier zum Beispiel geht Hildy auf Konfrontation zu Walter. Er beleidigt sie mit den Worten, »I was tight the night I married you« (Ich war betrunken in der Nacht, als ich dich geheiratet habe) (Abb. 1a), und wendet sich ab. Sie schickt sich an, ihre Handtasche nach ihm zu werfen (Abb. 1b), Hawks geht zurück auf die vorherige Einstellung, immer noch auf ihre Handlung abgestimmt (Abb. 2a) – perfekte *découpage* –, und Walter duckt sich (Abb. 2b), als die Tasche geflogen kommt und sagt natürlich, »Ah, your aim used to be better than that« (Du hast auch schon einmal besser gezielt/getroffen). Genau in dem Moment, wenn sie die Tasche schleudert, beginnt das Telefon zu läuten – eine Art Geräuschakzent –, er hebt ab (Abb. 2c), und im selben Moment – es hat beinahe etwas von einer Ballettchoreografie – muss sie in den Bereich hinübergehen, den er gerade freigemacht hat (Abb. 2d). Die Frage der Regie lautet also: ›Was tun, wenn er hier den Telefonhörer abnimmt?‹ Nun, ganz einfach, sie geht hinüber und füllt den Raum auf (Abb. 2e). Es wird also stets die Ausgewogenheit des Bildes wiederhergestellt. Später, wenn er auf und ab geht, wird auf diese Weise auf Ausgewogenheit geachtet. Oder noch später, wenn Bruce hereinkommt, ergibt sich eine vorbildliche Dreiecksanordnung: Der Raum ist freigemacht worden, Bruce kommt hinten herein (Abb. 3), aber man weiß schon, wo er hingehen wird.

Abb. 1

Abb. 2

Abb. 3a

Abb. 3b

Diese Erwartungsmomente versteht Hawks zu gestalten. Es ist vielleicht keine große Sache, aber die Idee, jeden kleinen Bereich des Raums abzudecken, ihn zu füllen, zu entleeren, das gleiche, was wir bei Sjöström im Stummfilm gesehen haben, wurde im Tonfilm nicht ganz vergessen, so wenig wie die Idee, den Blick des Zuschauers durch die Blicke der Figuren zu steuern.

Wenn Molly Malloy in einer späteren Szene zum Fenster hinausspringt, wird dieses Hauptereignis dank einer Abstufungstechnik von seiner Pathetik befreit, denn Hawks schneidet auf den hereinkommenden Walter um, kehrt dann zur vorherigen Einstellung zurück, sodass man im Hintergrund Walter und Louis sieht, deren Reaktion auf ihren Sprung nun zur wichtigsten Sache gemacht wird.

Ähnlich spielt es sich beim Dreiergespräch im Café ab, wo der Schwerpunkt natürlich auf dem Dialog zwischen Hildy und Bruce liegt. Aber indem Cary Grant ins Zentrum gerückt, also Walter zum reagierenden Partner wird (Abb. 1) – er ist derjenige, der auf das reagiert, was jeder der beiden sagt –, erhält das Zwiegespräch eine ganz neue Bedeutung. Wenn also Bruce besonders uninformiert daherredet, wird die Betonung dieses Sachverhalts über Grants Reaktion herausgestellt (Abb. 2).

Oder betrachten wir, wie Hawks es versteht, den Raum rund um Hildy zu füllen (Abb. 3a). Sie sagt, »Lasst sie doch in Ruhe«, und sofort wenden sich die Reporter ihr zu. Zunächst ist der Raum ziemlich leer, aber Hawks lässt die Reporter mit ihrer wachsenden Neugier immer näher drängen, bis sie Hildy schließlich richtiggehend umringen und beginnen, sie darüber auszufragen, was passiert ist (Abb. 3b).

Wie man diese Nuancierung einsetzen kann, lässt sich meines Erachtens am besten durch das Folgende zeigen: Für die meisten Filmemacher ist der unterste Rand der Kadrierung kein sehr wichtiger Raum (Abb. 4a).

Ihnen kommt es hauptsächlich auf diesen T-förmigen Raum, das obere Drittel in der Waagerechten und das mittlere Drittel in der Senkrechten der Kadrierung an. Das ist der Raum, in dem sich in einem Film mit Normal-Format, d.h. einem Seitenverhältnis von 1:1,33 die Ereignisse abspielen. Bei Breitwandformat erfährt dieses »T« allerdings eine kleine Veränderung, dennoch ist das der bevorzugte Handlungsraum.

Abb. 4a

Allein schon diese Diagonale von links oben nach rechts unten ist etwas ungewöhnlich, aber besonders interessant daran ist, dass die Haupthandlung dieser Einstellung sich ganz unten im Bild abspielen wird. Walter sagt, »Komm zurück. Auf meinem Knie ist ein Platz für dich frei.« (Abb. 4b) Wenn sie dann ablehnt, stellt sich Hawks ein kleines Problem. Bisher hat Hildy sich links befunden, die Kadrierung ist ausgewogen, aber jetzt bewegt sich Hildy nach rechts (Abb. 4c). Was soll man tun? Wir haben hier eine für den klassischen Hollywood Film sehr

Abb. 4b

Abb. 4c

Abb. 4d

Abb. 4e

Abb. 4f

Abb. 4g

seltsame Komposition (Abb. 4d). Sie bittet um eine Zigarette, dann um Feuer (Abb. 4e), und Hawks hält die Einstellung und schafft so etwas wie eine räumliche Spannung. Er hält sie weiter (Abb. 4f), bis Walter infolge der Stuhldrehung schließlich nach links rückt und wir damit die Umkehrung dessen haben, was wir zu Beginn der Einstellung sahen (Abb. 4g). Die Diagonale von links oben nach rechts unten ist jetzt durch eine Diagonale rechts oben nach links unten wieder aufgewogen, aber bis zu diesem Zeitpunkt bestand diese besondere räumliche Spannung mit dem immer noch einladenden Knie.

Es wurden also im Tonfilm beide Traditionen gewahrt, wenn auch in veränderter Form, sowohl die der *découpage*, der *continuity*-Montage, als auch die der Inszenierung innerhalb der Einstellung. Beide Traditionen bestehen fort in der Anwendung der entwickelten Schemata. Verschiedene Versionen dieses pluralistischen Ansatzes zeigen sich kontinuierlich in den Dreißiger- und Vierzigerjahren. Manche Regisseure bevorzugen lange Einstellungen, wie George Cukor oder Otto Preminger, andere kurze; manche haben gern viel Kamerabewegung, wie Max Ophüls, andere nicht, wie John Stahl. Kurz, während der Dreißiger- und Vierzigerjahre haben wir

Abb. 1 Abb. 2

diese Mixtur im Herangehen an den Tonfilm: lange Einstellungen, Kamerabewegung, um Geschmeidigkeit zu schaffen und die Figurenbewegung aufzufangen, aber auch Montage, um Schlüsselmomente nicht untergehen zu lassen, Inszenierung innerhalb der Kadrierung, Vorder- und Hintergrund-Interaktionen.

Das findet sich beispielsweise in diesem Ausschnitt aus GUN CRAZY von Joseph H. Lewis aus dem Jahre 1951, in dem beide Schemata bewahrt sind. Die mit großer Schärfentiefe à la Welles aufgenommene Einstellung (Abb. 1) ist aber nur der eine Teil einer Montage-Konstruktion. Es gibt auch Einstellungen auf die anderen Jungen, die *découpage* bleibt also erhalten, aber auch eine lange Einstellung (Abb. 2) mit viel Kamerabewegung, während der berühmten Überfallszene in GUN CRAZY.

Nach diesen Ausführungen können wir Renoir, Welles und Wyler als Regisseure in dieser pluralistischen Tradition überdenken. Sie bauen immer noch Szenen um die Montage herum auf, und sie erschaffen manchmal diese zwitterhaften Strukturen (*hybrid textures*), mal mit Szenen, die in langen Einstellungen gedreht sind, mal mit solchen in Form kurzer Schnitte. Wenn man sich Welles' spätere Filme ansieht, die nach CITIZEN KANE und MAGNIFICENT AMBERSONS, erkennt man, dass auch er diesen pluralistischen Ansatz übernimmt. Manche Szenen werden in sehr langen Einstellungen mit verschwenderischer Kamerabewegung gedreht, andere werden in feinstgeschnittener *découpage* aufgebaut, mit einer großen Zahl von Einstellungen, sogar mit Montage im Stil von Kuleshov.

Zum Schluss möchte ich erwähnen, dass dieser Ansatz nicht auf das beschränkt ist, was wir als amerikanisches und europäisches Kino kennen. Es gibt ihn auch außerhalb dieser Traditionen, sogar im sowjetischen Kino, sogar unter Stalin. Dazu möchte ich einige Beispiele zeigen. Es ist bekannt, dass in den Dreißigerjahren die sowjetische Montagetradition,

Abb. 1   Abb. 2

deren Vertreter Pudovkin, Kuleshov, Eisenstein, Dovshenko und andere waren, aus vielerlei Gründen einen Niedergang erlebte. Sie wurde,
glaube ich, von Eisenstein neu überdacht, aber die allgemeine Tendenz
war, etwas dem westlichen Pluralismus Entsprechendes zu schaffen. Wir
finden daher im klassischen stalinistischen Film eine Mischung aus Tiefeninszenierung und *découpage* – z.B. bei Juli Raizman: In MASHENKA,
einem sehr hübschen Film aus dem Jahr 1942, gibt es Ähnlichkeiten mit
Dingen, die wir bei Welles und Wyler antreffen, mäßig großer Vordergrund, Mittelgrund, frontaler Hintergrund (Abb. 1), aber dann wird –
ähnlich wie bei Wyler – auf Mashenka umgeschnitten (Abb. 2).
Ein ausführlicheres Beispiel aus Ivan Pyrievs Film PARTIJNYJ BILJET (DAS
PARTEIBUCH; dt. Verleihtitel: UNTER FALSCHEM NAMEN) aus dem Jahr
1936: Es gibt hier einen ausgeprägteren Tiefenraum und Bewegung in
den Vordergrund (Abb. 3a). Thema ist die Beziehung zwischen dem
treulosen Ehemann und seiner Frau. Sie hat einen Brief geschrieben, um
ihn zu denunzieren. Der Brief ist in dieser Schublade des abgebildeten
Schreibtisches versteckt. Der Mann hat Süßigkeiten mitgebracht (Abb.
3b), flirtet mit ihr, und es besteht eine Spannung, solange die Einstellung gehalten wird. Dann wird in einer näheren Einstellung ihre Reaktion gezeigt. Das ähnelt Hitchcock, wie die Spannung zunächst in dieser langen Einstellung gehalten wird, um dann groß auf die Frau um-
zuschneiden (Abb. 4). Dieser Schnitt erlaubt, die Handlung in einer
Halbtotalen mit abermaliger Tiefenkomposition wieder aufzunehmen
(Abb. 5a), wenn der Ehemann im Zimmer auf und ab geht (Abb. 5b),
seinen Revolver herausnimmt (Abb. 5c) und ihn beinahe in die Schublade legt, die sie verschlossen hält (Abb. 5d). Später wird sie diesen Revolver aus der Schublade nehmen und ihren Mann erschießen.
Auch das haben wir im stalinistischen Kino: eine sehr monumentale,
heroische Art der Inszenierung. In Friedrich Ermlers zweiteiligem Film

Abb. 3a

Abb. 3b

Abb. 4

Abb. 5a

Abb. 5b

Abb. 5c

Abb. 5d

111

Abb. 1   Abb. 2

VELIKIJ GRAZHDANIN (DER GROSSE PATRIOT) aus den Jahren 1938-39
haben wir meiner Meinung nach einen Vorgriff auf Welles und Wyler.
Welles hat zu der Zeit noch keinen Film gemacht, und man sieht hier
(Abb. 1) etwas, das stark an CITIZEN KANE erinnert: eine bemerkens-
werte Vorwegnahme, nicht ganz so scharf wie Welles und Gregg Toland
es später erfassten, aber dennoch ist diese Gruppe von Köpfen in verschiedenen Tiefenabstufungen sehr bemerkenswert. Hier findet sich eine große Ähnlichkeit zu dem, was man später in einem Film wie CITI-
ZEN KANE sehen kann (Abb. 2) – die Puppe im Vordergrund, im Profil,
dann die beiden anderen Personen in der Ferne.

Zusammenfassend möchte ich behaupten, dass es von der Mitte der
Dreißigerjahre an bis zum Ende der Vierzigerjahre so etwas wie einen
internationalen Stil gibt. Es ist nicht der internationale Stil der Montage, den wir in der ersten Vorlesung betrachtet haben, sondern diese Mischung aus Montage, Kamerabewegung, Tiefeninszenierung, Bewegung
der Personen mit genauem Timing bezüglich der Kamerabewegung und
der Bewegung anderer Figuren. Diese Mischung wird in der Tat zu einer Art internationaler Filmsprache für den Tonfilm. Die nächste Vorlesung will mit einem Blick auf Japan untersuchen, inwieweit diese Filmsprache wahrhaft international ist.

Fragen an Bordwell zu dieser Vorlesung:

Frage: Mich interessiert, wie sich das Spiel der Schauspieler vom Stummfilm zum Tonfilm verändert hat, und wie man sein Spiel auf die bewegliche Kamera einstellen muss, wie zum Beispiel bei Cary Grant.

Antwort: Bei dieser Untersuchung des visuellen Stils habe ich die Schauspielkunst vernachlässigt, die für sich schon ein großes Gebiet ist, aber ich denke, ein paar Dinge kann man sagen. Normalerweise wird behauptet, das Kino verlange eine intimere und weniger emphatische Art des Spiels als das Theater, weil im Kino mit halbnahen Einstellungen und Großaufnahmen gearbeitet wird. In einer Großaufnahme kann der Schauspieler nicht so demonstrativ agieren wie auf einer Bühne. Ich glaube aber, dass das Kino etwas anderes bewirkte. Es lehrte die Schauspieler, eine breite Skala des schauspielerischen Ausdrucks (*range of acting*) zu entwickeln. Es trifft zu, dass sie sich in Großaufnahmen sehr zurücknehmen mussten, aber in weiten Einstellungen mussten sie vielleicht übertriebener agieren als auf der Bühne, da sie ja in vielen der totalen, extremen Weiteinstellungen noch kleiner erscheinen als auf einer Bühne. In gewisser Weise also zwang das Kino der Montage die Schauspieler, in ihrem Spiel graduelle Unterschiede in der Ausdrucksstärke zu entwickeln.

Beim Tonfilm wird die Geschichte insofern interessant, als zu Anfang viele Filmschauspieler nicht wussten, wie sie sich mit ihrem Spiel auf den Ton einstellen sollten. Sie wussten weder, wie sie ihren Text, ihre Sätze sprechen sollten, noch wie man den Text pointiert gestalten konnte (*how to deliver things crisply*). Hört man einen Dialog aus BROADWAY MELODY, dann fällt auf, dass ein Teil des Problems die frühen Mikrofone waren, die überhaupt nicht selektiv funktionierten. Man merkt, dass die Schauspieler übertrieben deutlich sprechen, um sicher zu sein, dass die Tonaufzeichnung gelingt. Zur Zeit von HIS GIRL FRIDAY gibt es dieses Problem nicht mehr. Die Schauspieler können sehr, sehr schnell sprechen. Die Mikrofone sind empfindlich genug, um die Unterschiede zu registrieren. Ein Film wie HIS GIRL FRIDAY wäre 1930 oder 1931 undenkbar gewesen. Die Mikrofone wären nicht empfindlich genug gewesen, um all die Unterschiede in dieser schnellen Sprache zu modulieren.

Aber, wichtig ist auch festzuhalten, dass es im Tonfilm eine ungeheure Bandbreite schauspielerischer Stile im Hinblick auf den körperlichen

Einsatz gibt. Es gibt nicht nur einen Stil. Man braucht sich nur Cary Grants Spiel anzusehen, er gibt beinahe eine Stummfilmdarstellung, und manchmal macht er sich natürlich über die Situation lustig: Als er sagt »There will be statues of you in the park!« (Man wird im Park Standbilder von dir aufstellen), versucht er, wie ein Standbild Napoleons auszusehen. Ein großer Teil des schauspielerischen Stils des Stummfilms hat auch im Tonfilm überlebt. Das kann man, denke ich, auch an Darstellerinnen wie Greta Garbo und Marlene Dietrich sehen, die mit viel Übertreibung arbeiten. Manchmal ist es eine undurchsichtige Übertreibung (*of opaqueness*), aber es ist dennoch eine. Das bleibt so bis gut in die Dreißigerjahre.

Gewiss hat der Tonfilm den schauspielerischen Stil verändert, aber auf viele unterschiedliche Weisen, und nicht immer lässt er das, was wir als den schauspielerischen Stil des Stummfilms oder des Theaters betrachten, hinter sich. Es ist, als würde der Tonfilm zu einem Auffangbecken für viele schauspielerische Stile, die sich vielfältig mischen. Und dieses Thema bedarf noch einer Menge gründlicher Recherche, da sich praktisch niemand genauer damit befasst hat. Die These war immer, dass der Stummfilm sehr pantomimisch, sehr übertrieben sei, und der Tonfilm sehr nuanciert, subtil und verhalten. Das stimmt offensichtlich nicht, wenn man an die Subtilität der Darstellung in INGEBORG HOLM denkt. In vieler Hinsicht könnte sie als zum Tonfilm gehörig betrachtet werden, während Cary Grants flamboyantes Spiel in HIS GIRL FRIDAY auch in einem Stummfilm passen könnte. Es ist also keine so einfache Angelegenheit. Es muss noch viel darüber geforscht werden, woraus sich eigentlich der schauspielerische Stil des Tonfilms zusammensetzt, denn er hat eine sehr plurale Tradition.

Drittes Kapitel: Die Fünfzigerjahre

Über Shozo Makino, Yasujiro Ozu, Yasujiro Shimazu, Akira Kurosawa zu Kenji Mizoguchi: SANSHO DAYU (Japan 1954; LANDVOGT SANSHO)

Wie der Titel besagt, ist diese Vorlesung den Fünfzigerjahren gewidmet. Jedoch werde ich am Beispiel des Mizoguchi-Films SANSHO DAYU einen visuellen Stil betrachten, der in einer anderen Tradition ruht als der des westlichen Kinos, vor allem Europas und Amerikas, das in den vorangegangenen Vorlesungen im Zentrum stand. Deshalb möchte ich parallel dazu einen Blick auf die Geschichte des japanischen Kinos werfen, um zu sehen, was für Folgerungen sich bei einem Vergleich für die Geschichte des Kinostils im Allgemeinen ergeben.

Es gibt kaum noch japanische Filme aus den Jahren vor 1920. Uns sind weniger als dreißig oder vierzig erhalten geblieben und keine fünfzig aus der Zeit vor 1930. Und die wenigen noch verfügbaren sind größtenteils in zweifelhaftem Zustand. Sie sind zu unterschiedlichen Zwecken, meist nach den Wünschen von Sammlern, überarbeitet und umgeschnitten worden, es ist deshalb schwierig, eine generelle Aussage darüber zu machen, wie der japanische Stummfilm ausgesehen hat. Immerhin lässt das, was wir haben, einige Parallelen mit dem westlichen Kino erkennen. Das ist im Grunde nicht weiter überraschend, die Japaner erfanden nämlich nicht ihr eigenes Kino, wie etwa die Deutschen das deutsche Kino, Lumière das französische, und die Amerikaner das amerikanische. Tatsächlich war das Kino eine Erfindung des Westens, die von Japan importiert wurde; in Japan war eine große Zahl amerikanischer und europäischer Filme in Umlauf. Es verwundert daher nicht, den japanischen Film stark vom westlichen Kino beeinflusst zu sehen. Dennoch, trotz dieses Einflusses, unterliegt das japanische Kino anderen Traditionen als das westliche, und das Filmverständnis der Japaner unterscheidet sich deutlich von dem des Westens. Man kann ruhig sagen, dass die japanischen Filmemacher und Kinoveranstalter die europäischen Traditionen, die ins Land getragen wurden, modifizierten. Eines der bekanntesten Beispiele dafür ist der Brauch, die Filmvorführung von einem *katsuben* oder *benshi* begleiten zu lassen. Wurde ein Film gezeigt, so stand ein Sprecher oder Kinoerzähler vor der Leinwand und erläuterte die Vorgänge im Film wie in einem Marionettentheater oder bei anderen Theateraufführungen japanischer Tradition. Dieser *benshi* pflegte zudem die Stimmen der verschiedenen Filmfiguren nachzuahmen; während also auf der

Leinwand der Film ablief, kamen die Zuschauer gleichzeitig in den Genuss eines virtuosen Stimmenspiels.

Dies ist nur ein Beispiel dafür, wie japanische Tradition das Kino durchtränkte und veränderte. Der *benshi* wurde in Japan bis weit in die Dreißigerjahre eingesetzt. Eine anschauliche Dokumentation dieser Simulation und gleichzeitigen Veränderung des westlichen Kinos bietet einer der wenigen Filme, die uns aus dieser Zeit geblieben sind, ein Film von Shozo Makino als Version des großen japanischen Kabuki-Theaterstücks *Chushingura* nämlich. In der Version des Films, die uns zur Verfügung steht, sind mehrere verschiedene Filme vereint – Fassungen von 1910, 1913 und 1917 -, sie ist, könnte man sagen, eine Anthologie verschiedener Auflagen dieses Stücks in einem Film. Regie führte jeweils der erste bedeutende japanische Filmemacher Shozo Makino. Anhand einiger Bilder aus diesem Film möchte ich zeigen, dass sich die Entwicklung des visuellen Stils im japanischen Kino in vieler Hinsicht parallel zu der des westlichen Kinos vollzog. Ich erinnere kurz an den 1908 gedrehten Film L'ASSASSINAT DU DUC DE GUISE, der bereits in der ersten Vorlesung erwähnt wurde (vgl. S. 43); ich verwies dabei auf die Tatsache, dass dieser sehr ans Theater gemahnende Film dennoch stark mit Raumtiefe arbeitet. Das heißt, es gibt Figuren im Vordergrund, im Mittelgrund und welche im Hintergrund, die sich aus der Ferne nähern. In mancher Hinsicht ist der Film gewiss theaterhaft, aber in anderer wieder nicht. Eindeutig ist die Inszenierung auf den dreieckigen oder pyramidalen Handlungsraum des Kinos zugeschnitten, von dem wir bereits sprachen.

In diesem japanischen Film, CHUSHINGARA, bemerken wir etwas Ähnliches. Wir wissen nicht, ob dieses Bild (Abb. 1) aus der Fassung von 1910, 1913 oder 1917 stammt, aber ganz gleich, es ist die gleiche Raumerfassung anhand einer Diagonalen wahrnehmbar (*sense of diagonal space*): Figuren im Vordergrund, ein ferner Hintergrund und eine Entwicklung der Handlung genau wie in L'ASSASSINAT DU DUC DE GUISE durch Bewegung aus dem Hintergrund zum Mittelgrund und dann in den Vordergrund. Auch hier also werden die Figuren nicht einfach bildparallel oder in Verlängerung der Objektivachse angeordnet, sondern in der Tiefe entlang einer Diagonalen gestaf-

Abb. 1

116

felt. Ich werde dazu an späterer Stelle, wenn wir einen Blick auf die japanische grafische Tradition werfen, noch einiges sagen.

Wichtig für uns ist, dass sich in Japan, genau wie in Amerika und Europa, Ende des ersten und Anfang des zweiten Jahrzehnts des zwanzigsten Jahrhunderts eine sehr aktive Filmkultur entwickelte – eine große Filmindustrie. Auf der Abbildung (Abb. 2) sehen wir die *Asakusa*, das Vergnügungsviertel Tokios, in den Zwanzigerjahren: Überall flattern Transparente, die die neuesten Filme ankündigen, und die Zuschauer strömen zu den Vorführungen. Es gab zu dieser Zeit bereits Filmzeitschriften in Japan, einige von den Studios selbst herausgegeben, andere Illustrierte wie bei uns üblich. Groß war auch das Interesse der Japaner an den Stars. Sie hatten ihre eigenen Stars, aber sie waren auch von den Stars des westlichen Kinos fasziniert: z.B. Harold Lloyd, Laurel und Hardy, Betty Boop, Mickey Mouse etc., die alle sehr populär in Japan waren und es auch heute noch sind. Es entsteht zu dieser Zeit eine ganze Fankultur; man kann nicht nur Plakate und Zeitschriften kaufen, sondern sogar Spielkarten, auf denen neben berühmten japanischen Filmschauspielern auch Stars wie Charlie Chaplin und Gary Cooper abgebildet sind.

Es entwickelte sich bis zu den Zwanzigerjahren eine blühende Industrie, die auch durch das Erdbeben im Jahr 1923 nicht wesentlich zurückgeworfen wurde; man baute Studios und Filmtheater einfach wieder auf und nutzte die Gelegenheit zur Modernisierung; so wurde beispielsweise aus dem Akasaka-Aoi-Theater, das 1925 wiedererrichtet wurde, ein sehr modernes, europäischen Einrichtungen vergleichbares Theater. Mit dem Wachsen der Industrie gingen stilistische Entwicklungen einher, selbstbewusste Bemühungen, den eigenen Stil zu modernisieren. In den Zwanzigerjahren griff eine neue Generation in das Filmgeschehen ein, junge Leute, die um die Jahrhundertwende geboren waren, deren Ar-

Abb. 2

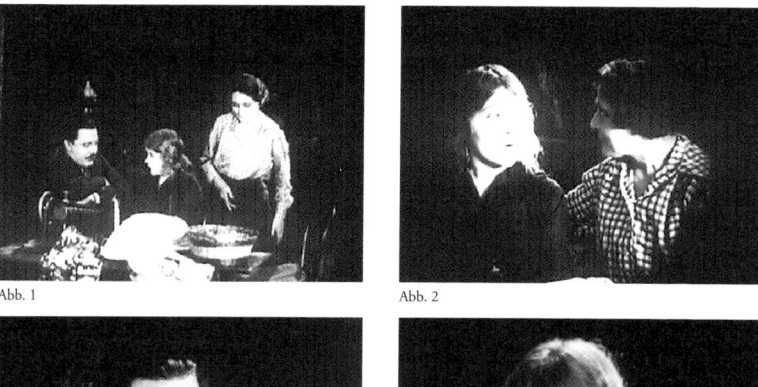

Abb. 1

Abb. 2

Abb. 3

Abb. 4

beit im wesentlichen auf dem Argument fußte, dass das japanische Kino, wenn es modern sein will, selektive Anleihen aus dem europäischen Kino machen muss. Die wichtigsten Studios, wie die Shochiku Studios, die heute noch existieren, begannen also selbstbewusst einen westlichen Ansatz in die Filmarbeit einzuführen. Ich werde versuchen, die Ähnlichkeiten anhand des bereits erwähnten TWIN PAWNS, eines amerikanischen Films aus dem Jahr 1919 (vgl. auch S. 54) zu veranschaulichen. Ich verweise nur deshalb darauf, um daran zu erinnern, dass sich bis 1920 ein sehr konventioneller oder formelhafter Inszenierungs- und Montagestil in den amerikanischen Studios herausgebildet hatte. Wir beginnen mit einem *master shot* (Abb. 1), der alle wichtigen Figuren zeigt, schneiden um auf das Mädchen und seine Mutter (Abb. 2), zeigen in näherer Einstellung den Mann, der das Mädchen umwirbt und verführen will (Abb. 3), und dann in noch näherer Einstellung das Mädchen (Abb. 4) – ein sehr einfacher Ansatz eigentlich, aber die Künstler brauchten eine Weile, um ihn zu entwickeln. Um 1920 war dies das gängige amerikanische Schema.

Interessanterweise können wir etwa zur gleichen Zeit eine parallele Entwicklung in Japan beobachten. Die Japaner sehen amerikanische und europäische Filme, und insbesondere die jüngeren Filmemacher eignen sich diesen Stil der Inszenierung und Montage, die klassische *découpage*, an. Es gibt einen Film – sein Herstellungsjahr ist nicht genau bekannt, er scheint aber aus der Zeit um 1922 zu stammen – mit dem Titel NINOMIYA KINJIRO, ebenfalls von Shozo Makino, aus dem mein Beispiel stammt (die Kopie ist in sehr schlechtem Zustand). Hier beginnen wir nach den gleichen Prinzipien mit einem *master shot* auf den Jungen Kinjiro, der der Held des Films ist, und seinen Onkel, den er aufsucht. Es folgt ein Schnitt zu einer näheren Einstellung auf beide, wenn der Onkel dem Jungen die Gedenkplakette für seinen toten Vater überreicht (Abb. 1). Dann eine sehr interessante Ansicht aus spitzem Winkel von etwa 30° auf den Jungen (Abb. 2), eine Art der Einstellung, die auch heute noch verwendet wird, und dann Gegenschuss auf den Onkel in Fortführung der Szene und schließlich Rückkehr zu einem *master shot*, der uns wieder beide zeigt. Das alles ist dem amerikanischen Film sehr ähnlich. Die Szene endet mit einer Einstellung auf den weinenden Jungen, gefolgt von einer Großaufnahme des Geldes, das der Junge in einem Topf gespart hat.

Wir haben also in beiden Filmen eine ähnliche Annäherung an die Szene: Zuerst wird der Raum in seiner Gesamtheit gezeigt, um den Zuschauer zu orientieren, dann wird er in Einzelteile zergliedert. Jedes dieser Details enthält zu einem gegebenen Moment eine wichtige Information zum Verständnis der Handlung: eine Naheinstellung auf den Jungen, auf den Onkel, auf das Geld und so weiter. Das ist nach heutigen Maßstäben eine sehr einfache Technik, aber zu Beginn der Zwanzigerjahre begann sie sich zu einer internationalen Filmsprache zu entwickeln. In der letzten Vorlesung habe ich darzulegen versucht, dass sie zu Beginn des Tonfilms in der Tat zur internationalen Filmsprache geworden war, die beibehalten wurde, wenn auch mit gewissen Modifi-

Abb. 1

Abb. 2

zierungen mittels Kamerabewegung und anderer Elemente. Wie im Westen entwickeln sich in Japan etwa gleichzeitig diese Grundregeln der Filmgrammatik, wie ich es einmal nennen möchte.

Und wie im Westen finden wir zwei breite Stiltraditionen: Die eine übernimmt diese Idee, die Szene nach Art der *découpage* aufzulösen und manchmal bis zum Extrem zu zergliedern. Ein anderer Film aus den frühen Zwanzigerjahren zeigt, wie subtil die Japaner mit dieser Technik umzugehen verstanden. Der Film wurde nicht später als 1923 von der Modernisierungen gegenüber recht aufgeschlossenen Shochiku-Gesellschaft in Kamata, einem Vorort von Tokyo, gemacht und trägt den Titel KUKU, HOTU TOGIZU. In diesem Film versucht der Regisseur selbstbewusst die amerikanischen Techniken einzusetzen, und es fallen einige wichtige Veränderungen auf. In einem *master shot* sehen wir die Mutter krank im Bett liegen, aber es ist ein weit interessanter als der, den wir zuvor in NINOMIYA KINJIRO gesehen haben. Dort haben wir ein eher flächig gehaltenes Bild, zwei Personen, die einander ansehen. Hier jedoch ist die Komposition viel interessanter: Die Mutter ist im Zentrum, die Familienmitglieder sind in Ausnutzung räumlicher Tiefe um ihr Bett versammelt. Dann schneidet der Regisseur auf Details der Figuren, die er uns durch das Bettgitter sehen lässt (Abb. 1); statt der direkten Ansicht aus dem früheren Beispiel haben wir jetzt das Bettgitter vor Augen, durch dessen Zwischenräume im Hintergrund hier und dort ein Gesicht leicht abgedunkelt erkennbar ist. Die Kamera nimmt weitere Positionen ein, wobei wieder das Gitter als dekoratives Vordergrundelement eingesetzt wird. Dann in umgekehrter Ansicht mit anderem Winkel die Gesichter der Kinder. Wieder orientiert sich alles rund um das Bettgitter, den oberen Teil des Bettes. Danach folgt eine Variante der allerersten Einstellung, bei der die Gesichter künstlerisch ziemlich formvollendet mit dem geschwungenen Bettgitter komponiert sind (Abb. 2).

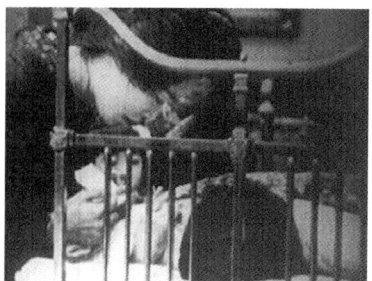

Abb. 1

Abb. 2

120

Viele Regisseure beginnen, sich für diese Technik häufiger Schnitte, die die Handlung in sehr kurze Blickfolgen auflösen, zu erwärmen. Einer der berühmtesten Vertreter dieses Trends ist Yasujiro Ozu, ein Filmemacher, der uns vor allem durch seine späteren Filme wie Tokyo Monogatari bekannt geworden ist. Ozus Karriere beginnt Ende der Zwanzigerjahre. Sein Anliegen – wie übrigens auch das seiner Kollegen –, ist es, dieses Prinzip der *découpage*, der Auflösung einer Szene in kleinste Details, gewissermaßen auf die Spitze zu treiben.

Ozu ist ein Mann, den ganz allgemein alles Amerikanische interessiert, und der sich offen dazu bekannte, dass japanische Filme ihn nicht besonders berührten. Die wirklich interessanten Filme, meinte er, würden in Amerika gemacht. So sehen wir beispielsweise im ersten der Filme, die uns von ihm erhalten geblieben sind, zwei Studenten beim Büffeln für ein Examen vor einem Poster von Seventh Heaven sitzen, eines amerikanischen Films, den er sehr liebte. In all seinen frühen Filmen begegnen wir ständig amerikanischen Filmplakaten, die an den Wänden diverser Cafés oder Studentenbuden aufgehängt sind. Am Beispiel einer Sequenz aus einem amerikanischen Film, den er sehr bewunderte, einem Harold-Lloyd-Film mit dem Titel A Sailor-Made Man, der kurz vor Beginn der Zwanzigerjahre gedreht wurde, glaube ich verdeutlichen zu können, dass Ozu diese Technik der Szenenauflösung in sehr kurze, bedeutsame Einstellungen von den Amerikanern übernimmt und zugleich seinen eigenen Stil entwickelt. Die Szene aus A Sailor-Made Man läuft folgendermaßen ab: Harold, in der Rolle eines Matrosen, befindet sich auf einem Schiff. Seine Freundin ist auf einem anderen Schiff. Er legt seine Hand um ein Kabel, das wird uns in einer Totalen gezeigt. Dann schneidet der Regisseur, Fred Newmeyer, auf eine Naheinstellung, damit der Zuschauer erkennt, dass Harolds Hand sich an dieser besonderen Stelle befindet. Nun erkennen wir, dass dieses Kabel gerade erst frisch gestrichen wurde; damit wir das verstehen, zeigt Newmeyer uns das in einer Naheinstellung. Weiter in der Handlung: Die Freundin wirft Harold vom anderen Boot aus eine Kusshand zu. Natürlich wird er diese erwidern. Er führt seine Hand zu den Lippen, entfernt sie, und nun sehen wir, dass er sich das Gesicht mit Farbe beschmiert hat. Ein einfacher Gag, dem Zuschauer mit Hilfe einer Folge von mehreren Einstellungen statt mit nur einer einzigen nahegebracht.

Im ersten uns noch erhaltenen Film Ozus, Wakiki hi (Tage der Jugend) von 1929, gibt es eine Figur, die eine starke Ähnlichkeit mit Harold Lloyd hat, und zwar ist es einer der Studenten, der neben einem Telefonmast mit dem Warnschild ›Frisch gestrichen‹ steht. Naheinstellung wie in dem Lloyd-Film, Schnitt auf die Hand, die an dem frischgestrichenen Mast liegt. Ozu variiert den Gag ein wenig: Er schneidet auf den Jungen, wie er zu Boden blickt, zeigt uns einen Handschuh zu seinen Füßen, dann, wie der Junge seine Hand vom Mast entfernt. Man sieht die Farbe an der Hand. Später im Film wird der Junge in ein Café gehen, mit der Hand sein Gesicht berühren, ohne daran zu denken, dass noch die feuchte Farbe an ihr haftet, und sie wird, wenn er sie wieder wegzieht, einen für den Zuschauer deutlich sichtbaren Abdruck auf seinem Gesicht hinterlassen haben.

Ozu spielte selbst in Szenen, in denen scheinbar nichts Besonderes sich ereignet, gern mit den verschiedenen Möglichkeiten der Untergliederung. In dem 1932 gedrehten Film UMARETE WA MITA KEREDO (ICH WURDE GEBOREN, ABER…) löst er beispielsweise eine sehr einfache Szene in kurze Einstellungen auf: Ein Vater und seine beiden Söhne gehen aus dem Haus, der Vater will zur Arbeit, die Jungen müssen zur Schule. Sie gehen gemeinsam los und müssen an einem Bahnübergang warten, als ein Zug vorbeikommt. Ozu löst diesen Moment des Wartens in eine Folge kleiner Einstellungen auf. Es geschieht eigentlich gar nichts, wir bekommen lediglich einen Einblick in Alltägliches. Zuerst haben wir eine Totale aus der für Ozu typischen tiefstehenden Kameraposition, dann eine halbnahe Einstellung auf den Vater, eine halbnahe Einstellung auf die Jungen, eine Einstellung auf die Aktentasche des Vaters. Und so geht das eine ganze Weile weiter mit Detailaufnahmen ihrer Körper, während im Grunde nichts geschieht, was die Handlung voranbringt. Dieses starke Interesse an der Fragmentierung der Handlung wird, könnte man sagen, zu einem Kennzeichen Ozus.

Er entwickelt ferner eigenartige Schuss/Gegenschuss-Muster. Hier sehen wir zum Beispiel zwei Frauen im Gespräch (Abb. 1 und 2). Ozu hat die

Abb. 1   Abb. 2

Szene mit einem Verstoß gegen die 180-Grad-Regel geschnitten, indem er mit der Kamera die Handlungsachse übersprungen hat. Die Folge ist, dass die Frauen nicht – wie aufgrund des Hollywood-Schemas gewohnt – in entgegengesetzte Richtungen schauen, sondern beide Male in der linken Bildhäfte stehend nach rechts blicken, sodass dadurch, grafisch gesehen, eine fast bis zur Deckungsgleichheit getriebene Ähnlichkeit in der Figurenposition entsteht. Ozu ist im Ganzen genommen ein Beispiel für die eine Tendenz, mit der Technik der *découpage* bis an die Grenzen zu gehen, die Handlung in Dutzende von Einstellungen zu untergliedern.

Die andere weniger überraschende Tendenz bewegt sich eher in die entgegengesetzte Richtung. Man schneidet seltener, setzt längere Einstellungen ein und macht eine genau durchdachte (*intricate*) Inszenierung innerhalb der Einstellung, indem man, anstatt zu schneiden, die Figuren innerhalb der Kadrierung bewegt, um sie dem Zuschauer aus unterschiedlichen Blickwinkeln zu zeigen, wobei häufig auch Kamerabewegung eingesetzt wird. Verwunderlich ist das eigentlich nicht. Ich erinnere daran, dass in der letzten Vorlesung eine Beziehung zu HIS GIRL FRIDAY, zu Renoir und anderen Filmemachern der frühen Tonfilmzeit angesprochen wurde. Wir werden Mizoguchis Arbeit unter diesem Aspekt betrachten, aber zunächst möchte ich diese Tradition aus einem anderen Blickwinkel nahebringen.

In einer Hinsicht unterscheiden sich diese beiden Traditionen, die der *découpage* ebenso wie die der langen Einstellungen und feinabgestimmten Inszenierungen, ganz besonders von der westlichen Auffassung: Sie zeigen eine Art der Formalisierung, ein Maß an strenger Künstlichkeit, könnte man sagen, die für die japanische Kunst ganz allgemein typisch sind, im westlichen Film hingegen längst nicht so üblich. Bekanntermaßen wird in der japanischen Bildkunst (*pictorial art*) häufig eine strenge Formalität gewahrt und die Bildebene stark betont. Die einzelnen Elemente werden in dekorativen Mustern über die ganze Bildfläche angeordnet, das Geschehen wird beispielsweise an Diagonalen entlang inszeniert. Sehr typisch für die japanische Bildkunst ist die Arbeit mit einer Art verkehrter Perspektive (*reverse perspective*), bei der die Fluchtlinien im Vordergrund, vor der Bildfläche zusammenzulaufen scheinen, und nicht wie bei der perspektivischen Malerei des Westens irgendwo im fernen Hintergrund sich verlieren. Bei dem folgenden Bild kann man zum Beispiel erkennen, dass die Diagonalen, deren Kreuzung mit den waagerechten Linien das Rautenmuster des Bodens bildet, aus dem

Abb. 1

Bildraum über diesen hinaus verlängert strahlenförmig zusammenzulaufen scheinen, um sich an einem Punkt irgendwo außerhalb des Bildes zu treffen, an seinem unteren Rand und nicht im Hintergrund. Betont wird das durch die Anordnung des Geschehens entlang solcher sehr
scharfen Diagonalen. Es handelt sich hier um eine Wandschirm-Male-
rei aus dem dreizehnten Jahrhundert (Abb. 1). Diese Arbeitsweise mit
auffallenden Diagonalen wird auch beibehalten, nachdem die Zentralperspektive dank holländischer und anderer westlicher Vorbilder gemeistert wurde.

Mit einem Holzschnitt von Toru Kiyonaga aus dem Jahr 1780, der das
Interieur eines Badehauses zeigt (Abb. 2), haben wir ein wirklich erstaunliches Bild, an dem ich eine weitere formale Eigenart japanischer
Bildkunst illustrieren möchte: das Spiel mit der Sichtbarkeit. Ihm liegt
die Vorstellung zugrunde, dass jedem Geschehen, das nur teilweise
sichtbar oder erkennbar ist, etwas Verlockendes, Faszinierendes, Ge-
heimnisvolles und Schönes anhaftet; die Vorstellung, dass partielles Verbergen oder Geheimhalten des Geschehens ein gültiger künstlerischer
Ansatz *an sich* ist, den Raum auszuloten. Man beachte die herabhän-
genden Vorhänge, die den oberen Teil einer Gestalt verdecken, oder den

Abb. 2

Mann, der, einem Voyeur ähnlich,
hereinspäht und die Frauen beim
Baden beobachtet. Man sieht sein
eingerahmtes Gesicht und einen
Teil seines Körpers; diese sehr pro-
vokante quadratische Einfassung
seines Gesichts (links oben) erhöht unser Empfinden dafür, auf
welche unterschiedlichen Weisen
diese Körper betrachtet werden.

Ein weiteres Beispiel: Dies ist ein Pastiche eines Holzschnittes von Hiroshige (Abb. 3), bei dem der Arm des Mannes sehr aggressiv in den Vordergrund gerückt ist, sehr ähnlich den Hiroshiges, die man zu Beginn des 19. Jahrhunderts sieht. Dieser hier stammt aus dem späten 19. Jahrhundert. Der Arm des Mannes umrahmt auf sehr manieristische Art eines der wichtigen Gebäude, die wir anschauen sollen.

Abb. 3

Das Spiel mit der Sichtbarkeit – was wird dem Betrachter gezeigt und was nicht – wird zu einem wichtigen Formelement, das vom Kino in vielfältiger Weise übernommen wird. Auch die japanischen Filmemacher scheinen es aufregend zu empfinden, auf solche Art mit der Sichtbarkeit zu spielen. Das illustriert ein Beispiel aus einem interessanten Genrefilm des Jahres 1933 mit dem Titel KEISATSUKAN (POLIZEI). Der Held ist ein Polizist, der, ohne sich als solcher zu erkennen zu geben, soeben in einem Café ein Gespräch mit einem Kriminellen geführt hat. Nach dem Gespräch steht er auf, geht von dem gemeinsamen Tisch weg und kommt auf die Kamera zu. Dabei passiert er einen Vorhang, der sich im Vordergrund befindet (Abb. 4a), und danach fällt, ohne Schnitt, der Vorhang einfach zu (Abb. 4b) – eine ziemlich eigenartige Einstellung, aber dann kommt von rechts die Hand des Polizisten wieder ins Bild und zieht den Vorhang ein Stück auf, sodass wir durch die Ritze den Mann sehen können, mit dem er gesprochen hat (Abb. 4c). Das hat große Ähnlichkeit mit dem Versteckspiel, das der Kiyonaga-Holzschnitt vom Inneren des

Abb. 4a

Abb. 4b

Abb. 4c

Abb. 1

Abb. 2

Badehauses zeigte. Genau betrachtet haben wir es mit einer sehr unrea-
listischen Angelegenheit zu tun, da der Polizist unmöglich das Gesicht
des Verbrechers sehen kann, da er sich seitlich von dem Guckloch befindet, das seine Hand für den Zuschauer freihält. Aber aufgrund der
ersten Vorlesung und den Ausschnitten aus ANATOMY OF A MURDER
wissen wir: auf *unseren* Blickwinkel kommt es an, nicht auf den der Filmfigur. Das Spiel mit dem Sichtbaren und Unsichtbarem, dem Erhaschen
eines Blicks ist charakteristisch für das Kino.

Etwas Ähnliches sehen wir in einer Einstellung des bemerkenswerten
Films aus dem Jahr 1932 von Yasujiro Shimazu: JORIKU DAIIPPO (ER-
STE SCHRITTE AN LAND) (Abb. 1). Shimazu lässt seine Figuren eine Bar
westlichen Zuschnitts betreten, die ein modernistisches Gittermuster als
Wandschirm ziert, und man sieht richtig, welches Vergnügen es ihm be-
reitet, die einzelnen Köpfe bald in diesem bald in jenem Quadrat dieser
Gitterstruktur erscheinen zu lassen, die sich im Vordergrund befindet.
Das wirkt sehr manieristisch.

Oder nehmen wir eine Szene aus dem Film MITOKOMON II von 1932,
einem gewöhnlichen Schwertkampf-Film. Mito Komon kämpft mit
mehreren Männern in einem Haus, dessen Wände aus Papier bestehen,
das über gitterförmig angeordnete dünne Holzleisten gespannt ist. Mito
Komon wehrt sich drinnen seiner Haut, und plötzlich sehen wir ihn hinter einem der Rechtecke, deren Papierverkleidung er durchschlagen hat
(Abb. 2).

Eines der schönsten Beispiele für dieses Versteckspiel stammt aus einem
völlig obskuren Schwertkampf-Film mit dem Titel KOMATSU RIYUZO
aus dem Jahre 1930. Ich halte ihn immer noch für bemerkenswertes Kino und denke, dass diese Sequenz, die ich hier in Auszügen vorstelle,
selbst heute im zeitgenössischen Kino zu vielfältigem Kommentar Anlass geben würde. Wieder handelt es sich um eine ganz dem Genre ver-

Abb. 3a   Abb. 3b

bundene konventionelle Szene; einer der Helden hält sich in der Stadt auf und kämpft mit einigen Bösewichtern. Das Interessante ist, dass sich die Kamera während des Kampfes hinter einem mit Stroh beladenen Karren befindet. Man sieht die Deichsel, das Stroh und das Rad des Wagens. Die Kamera bleibt in dieser Position, es gibt keine Schnitte, obwohl es ein sehr aufregender Kampf ist, den wir über die Bewegungen des Karrens verfolgen, der vorn in die Höhe schnellt, wenn hinten die Männer gegen ihn fallen, und wieder herabkippt, wenn die Männer ihn nicht länger mit ihrem Gewicht belasten. Der Regisseur bedient sich dieses Wagens wie einer Wippe, mit deren Steigen und Fallen das Geschehen entweder verdeckt oder gezeigt wird (Abb. 3a und 3b). Wir sehen den ganzen Kampf aus dieser einen Perspektive. Der Held verliert den Kampf. Der Bösewicht versetzt ihm den vernichtenden Schlag, und wir sehen, wie er nach rückwärts auf den Wagen taumelt und ins Stroh fällt. Und natürlich geschieht das, was man erwartet: Der vordere Teil des Wagens schnellt wieder in die Höhe, und wir sehen nur den Bösewicht, der über dem Helden steht. Dann schwenkt die Kamera abwärts und zeigt uns die Hand des gefallenen Kämpfers, das Schwert, das ihr entgleitet. Die Kampfszene ist viel länger, als ich sie mit Worten darstellen kann, aber sie demonstriert auf bravouröse Weise was für eine Wirkung mit der einfachen Idee des Zeigens und Verdeckens mittels des Karrens zu erreichen ist.

Es besteht also eine Tradition sowohl hinsichtlich der Bildkomposition als auch des Bildschnitts, um dieses Katz-und-Maus-Spiel mit dem Blick des Betrachters zwischen Ent- und Verhüllung in Gang zu halten. Das verlangt natürlich genaue Inszenierung und führt zu dem, was wir zuvor als Präzisionsinszenierung bezeichnet haben, nämlich der sorgfältigen Anordnung der einzelnen Elemente in Vorder-, Mittel- und Hintergrund, damit schon durch die geringste Positionsverschiebung neue

Informationen enthüllt werden können. Ich zitierte eingangs als Hauptbeispiel für dieses Verfahren den Sjöström-Film INGEBORG HOLM, verwies aber auch auf andere wie den Feuillade-Film.

Wenden wir uns einem analogen Beispiel aus dem japanischen Kino zu, WAGA AINOKI (TAGEBUCH UNSERER LIEBE), einem Film aus dem Jahr 1941 mit einer sehr eindrucksvollen Sequenz, die gänzlich in einem Korridor spielt. Der von uns abgewandte Mann im Vordergrund (Abb. 1a) ist im Krieg verwundet worden und lebt nun zu Hause. Man hat ihn zu seiner Frau zurückgebracht, die ihn pflegt, und sein alter Schulfreund, der aus dem Krieg zurückgekehrt ist, besucht ihn. Der Schulfreund tritt ein und kommt nach vorn, während im Hintergrund noch die Schwester – wenn ich mich richtig erinnere – des verwundeten Mannes auftaucht. Und schon beginnt diese Inszenierung in aller Präzision mit der wichtigen Figur im Zentrum, die jedoch einen

Abb. 1a

Abb. 1b

Abb. 1c

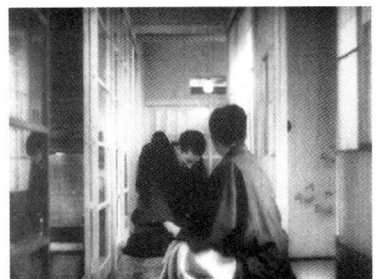

Abb. 1d

Abb. 1e

großen Teil des Hintergrunds verdeckt. Der verwundete Mann bleibt stets von uns abgewandt, sodass wir unsere Aufmerksamkeit ungehindert auf das Gesicht der Schwester richten können, von dem nur ein kleiner Teil erkennbar ist. Der Schulfreund kniet nieder (Abb. 1b), und es entsteht eine dreiteilige Komposition, die nur diesen zentralen Bereich des Bildraums umfasst, wo sich alles mittels kleiner Bewegungen abspielt. Der Schulfreund verneigt sich (Abb. 1c), und damit wird die Schwester, die nur einen Schritt nach vorn macht und mehr in die Mitte rückt, besser erkennbar. Dann setzt sie sich hinter ihm nieder (Abb. 1d), und er hebt zwischendurch den Kopf, sodass die Schwester ganz verdeckt ist. Sie taucht aber wieder auf, wenn er sich verneigt (Abb. 1e) – das Ganze mutet wie ein Tanz an. Sie sprechen über den Krieg, und das vorherrschende Gefühl dabei ist offensichtlich Traurigkeit, wir sehen ihn, wie er schmerzgebeugt zur Seite rückt, um den Blick auf sie, gramgebeugt wie er, freizugeben. Sehr feine Bewegungen der Figuren im Vorder-, Mittel- und Hintergrund bestimmen diese Sequenz, wobei der Ehemann die ganze Zeit völlig reglos bleibt und eigentlich nur als eine Art Anker dient.

Diese Art der Präzisionsinszenierung, diese feinabgestimmte Manipulation der Figuren, ist in den Zwanziger-, Dreißiger- und Vierzigerjahren in Japan sehr weit verbreitet, und man arbeitet auch heute noch mit ihr. Anhand eines Ausschnitts möchte ich jetzt zeigen, wie solches Figurenspiel auch im Rahmen der so genannten *découpage*-Tradition angewandt werden kann, bei der die Regisseure mehr mit kurzen Einstellungen statt einer einzigen Dauereinstellung arbeiten. Auch im Rahmen dieser *découpage*-Tradition hält sich diese besondere Art der Formalisierung, dieses Spiel mit dem Sichtbaren und dem Verborgenen, dieser raffinierte ästhetische Effekt, den man durch diese subtile Art, Dinge zu zeigen oder zu verbergen, erzielen kann.

Dazu ein Beispiel aus einem frühen Ozu-Film, TOKYO NO GASSHO (DER CHOR VON TOKYO) von 1931, einer seiner witzigsten Komödien, die allerdings einen bitteren Unterton hat. Es handelt sich um eine Satire auf den Angestellten in der modernen Wirtschaft. Hier zunächst die Situation: Es war in der japanischen Wirtschaft der Zwanziger- und Dreißigerjahre Usus, jedem Angestellten zu bestimmten Zeiten im Jahr eine Prämie zu bezahlen, und bis zu einem gewissen Grad hat dieser Brauch sich bis heute gehalten. Der Film beginnt damit, dass unser Protagonist und alle seine Kollegen die Geldprämie in einem Briefumschlag erhalten. Im Allgemeinen haben die Männer das Geld in ihrer Phantasie be-

reits ausgegeben, und natürlich erhält jeder eine Prämie von unterschiedlicher Höhe, je nach Bewertung seiner Leistung. In dieser, wie ich finde, prächtigen Satire auf gängige Firmenpolitik spielt Ozu mit der Tatsache, dass jeder der Männer, die eine Prämie erhalten, vor den Kollegen verbergen will, wie hoch sie ausgefallen ist. Jeder versucht also, heimlich in seinen Umschlag zu spähen, um zu sehen, wieviel er bekommen hat, und dabei kommen sie alle auf den gleichen Gedanken – der beste Ort für das heimliche Geldzählen ist die Männertoilette. Einer nach dem anderen stiehlt sich in die Toilette davon, um den Inhalt des Umschlags zu prüfen. Was das an komischen Möglichkeiten birgt, kann man sich leicht ausmalen, und einige davon führt der Regisseur uns vor. Es ist eine typisch japanische Satire, und gerade bei Ozu finden wir so viele Gags, deren Kernpunkte die Scham oder die Demütigung sind.

Wir haben also auch hier wieder das Spiel mit dem Erkennbaren und dem Verborgenen wie auf dem Holzschnitt. Es spielt keine Rolle, wer der Mann ist; wir wissen, dass er einer der Prämienempfänger ist, und das reicht. Leider hat einer der Männer etwas Pech (siehe letzte Abb. rechte Seite), denn die Banknoten fallen ihm ins Urinbecken. In einem späteren Teil der Szene wird uns gezeigt, dass er all seine Geldscheine zum Trocknen an einem Ventilator festklemmen muss.

Hier sieht man, dass beim Drehen jeder einzelnen Szene eine Strenge der Komposition waltet, deren Ziel es ist, nur die wesentlichste Information zu übermitteln, manchmal ganz direkt in Großaufnahme des Mannes und seiner Hände, während er das Geld betrachtet, manchmal aber auch sehr indirekt – wie zum Beispiel mittels der Schwingtür der Männertoilette, die den Blick auf die Herein- und Herauskommenden verwehrt (siehe Abb. linke Seite oben). Eine Art Formalisierung der *découpage* könnte man sagen, bei der die Regeln Hollywoods angewendet, aber in eine weit starrere Form (*to a greater rigor*) gepresst werden als in den meisten Hollywood-Filmen.

TOKYO NO GASSHO

Solche Formalisierung findet sich auch bei einem anderen wichtigen japanischen Filmemacher, der auf der Grundlage der *découpage*-Tradition arbeitet, bei Kurosawa nämlich. Aufgrund seiner Bekanntheit brauche ich nicht viel über ihn zu sagen, aber ich halte es für wichtig, sich klarzumachen, dass er im Besonderen in seinen frühen Filmen, seinen ersten in den Vierzigerjahren, diese Tradition übernimmt, einerseits, der westlichen Montagetechnik folgend, die Szene in wichtige Einzelausschnitte zu untergliedern, andererseits aber auch die Mittel zu finden, diesen Einzelausschnitten neben Expressivität eine strenge bildliche Form mitzugeben.

Ich möchte zwei Sequenzen aus seinem ersten Film, SANSHIRO SUGATA aus dem Jahr 1943, erwähnen. Im Grunde werden uns hier lediglich zwei Judokämpfe gezeigt, aber so, wie er diese Sequenzen filmt, sind sie von einer großen Strenge gekennzeichnet und zugleich sehr schwungvoll (*flamboyant*). Man sieht, dass er für jede Kampfbewegung eine andere Filmtechnik zur Hervorhebung zu finden sucht. Ich werde die Sequenzen mit Worten zu beschreiben versuchen: Im ersten Kampf hat Sanshiro es mit einem ziemlich leichten Gegner zu tun. Jeden Kampf in diesem Film gestaltet Kurosawa anders und setzt dabei stark auf den Kontrast zwischen Sanshiros Verhalten, seiner ruhigen Gelassenheit, und dem des Gegners. Dann greift er zur Formalisierung, indem er den Blick auf die Zuschauer des Kampfes lenkt und die beiden Kontrahenten entweder außerhalb der Kadrierung kämpfen oder nur kurz ins Bild kommen lässt. Der Kontrast zwischen ruhiger, innehaltender Selbstgewissheit und quirliger gestischer Übertriebenheit (*overacting*) ist frap-

131

pierend. Das Hineinspringen und Hinaustreten aus dem Bild ist wie ein Gedicht, bei dem jeder Moment wiederholt wird. Schwenk auf die Zuschauermenge und dann eine Kreisbewegung, um wieder die Kämpfer zu erfassen. Mitunter ist es so, als wäre Sanshiro zu flink für die Kamera, und die Betonung liegt wie zu Beginn auf all den Männern, die zuschauen. Dann der Kurosawa-*touch*: Wir haben ausgiebig Zeit zuzusehen, wie das Fenster herunterfällt. Danach wieder Stille. Stets also dieser Kontrast zwischen Ruhe und stürmischer Bewegung, die fast zu schnell für unsere Augen ist.

Und nun eine weitere Formalisierung, die im Kampf mit dem Vater der von Sanshiro begehrten Frau zum Tragen kommt. Er tritt ihn mit starkem Widerstreben an, aber er braucht diesen öffentlichen Kampf. Es geht um rivalisierende Judoschulen. Aber dieser Mann ist ein Meister, kein Prahlhans wie der letzte Gegner, und es wird für Sanshiro weit schwieriger werden. Kurosawa findet für diesen Kampf eine neue Darstellungsform: Er betont das Zermürbende des Kampfes, die langsame Erschöpfung der Kräfte. Er lässt die beiden Männer einander scheinbar endlos umkreisen und setzt dabei auf sehr kühne Schnitte. Da es keinem von beiden gelingt, den anderen aus dem Gleichgewicht zu werfen, muss jeder versuchen, irgendwie einen Vorteil über den anderen zu erlangen. Wieder haben wir dieses bedächtige Umeinanderherumgehen. Selbst bei Überblendungen gehen sie erst in die eine Richtung, dann in die andere und schließlich wieder in eine andere. Man kann erkennen, dass hier ein Formprinzip eingesetzt wird, das dem Reimen in Versform ähnlich ist – hierhin, dorthin, eine langsam zermürbende Anstrengung. Die Betonung liegt auf der Ausdauer, die die beiden einsetzen müssen. Dann beginnt Kurosawa sehr elliptisch zu schneiden. Das statische Element sind nun die Zuschauer. Er beginnt, die Momente zu überspringen, wo sich die Kämpfenden in der Luft befinden. Der Rhythmus jeden Wurfs und Falls wird durch lange Pausen betont.

Diese bewusst und präzise eingesetzte Strenge (*rigor*) wird bei der Montage und der Komposition der Einstellungen sowohl von Einstellung zu Einstellung gewahrt als auch innerhalb der Einstellung, gerade wie wir das bei jener anderen Tradition bemerkt haben. Natürlich wäre es weit anschaulicher, diesen außergewöhnlichen Film vollständig zu sehen, aber vielleicht gibt diese Beschreibung zumindest eine Ahnung davon, wie stark diese beiden Traditionen dazu tendieren, ein strenges Formbewusstsein auszuspielen, um Einstellungen, Folgen von Einstellungen oder Bewegung innerhalb einer einzigen Einstellung einem strengen

Rhythmus zu unterwerfen, der weit formaler ist als das meiste, was wir im westlichen Kino finden.

Natürlich ist Kenji Mizoguchi Teil dieser Tradition, dieses Sammelbeckens gegenläufiger Strömungen. Ich brauche nicht viel über ihn zu sagen: Mizoguchi arbeitet in der Tradition des japanischen Melodrams, das seinen Ursprung im *Shimpa*-Theater hat und insbesondere die aufopfernde Frau in den Mittelpunkt stellt. Er machte eine Vielzahl von Filmen vieler unterschiedlicher Gattungen – sogar ein Musical –, aber der wichtigste Teil seiner Arbeit konzentriert sich nach allgemeiner Auffassung auf das Melodram mit seinen Geschichten von Frauen, die sich aus diesem oder jenem Grund für die Karriere oder die Hoffnungen eines Mannes opfern. Diese sehr einfache emotionale Situation hat Mizoguchi in vielen Facetten ausgeleuchtet. Während seiner Karriere macht er sich um stilistische Entwicklungen verdient, Gefühlen im Bild Ausdruck zu geben: Er führt die Tradition der langen Einstellung mit Kamerabewegung zu neuen Höhen der Verfeinerung, gehört also definitiv in den zweiten Trend, den ich hier zu skizzieren versuche. In diesem Rückgriff auf lange Einstellungen, Figurenspiel und Kamerabewegung ist er sicherlich Renoir, Ophüls und Hawks verwandt, bringt es meines Erachtens dabei jedoch zu weit größerer Finesse (*rarification*). Er bedient sich dieses Registers von Sichtbar- und Erahnbarkeit, um ein Spiel der Emotionen zu schaffen, das sowohl intensiv als auch zurückhaltend ist. Ein französischer Kritiker, Philippe Demonsablon, sagte etwas über Mizoguchi, das ich für sehr zutreffend halte: »Er schlägt einen Ton von solcher Reinheit an, dass die kleinste Variation Ausdruck bekommt.« Das scheint mir eine gute Beschreibung für das zu sein, was Mizoguchi im Rahmen dieser Tradition der Kamerabewegung und langen Einstellungen vollbringt. Er begann seine Karriere in den Zwanzigerjahren bei *Nikkatsu*, einem der großen Studios, und machte zunächst jedes Jahr zahlreiche Filme. Er lernte sein Handwerk schnell, und was er lernte, war – zumindest teilweise – die *découpage* im Stil Hollywoods. Wir denken bei ihm an sehr lange Einstellungen, komplexe Kamerabewegung, ausgeklügelte Figureninszenierung, aber tatsächlich bewegte er sich zu Anfang – soweit wir das aus den erhaltenen Filmen ersehen können – ganz innerhalb der Montage-Tradition.

Ich zeige einige Ausschnitte aus dem frühesten erhaltenen Film von Mizoguchi, FUROSATO NO UTA (DAS LIED DER HEIMAT) von 1925. Wie es aussieht, hätte Mizoguchi in Hollywood Karriere machen können. Wir befinden uns auf einem Bauernhof und beginnen mit dieser Einstellung

Abb. 1a

Abb. 1b

Abb. 2

Abb. 3

Abb. 4

Abb. 5

(Abb. 1a) auf den Vater und die Mutter, die an der Feuerstelle sitzt. Im Hintergrund kommt der Sohn herein und setzt sich vor dem Vater nieder (Abb. 1b). Das ist das Gesamtbild einer Bauernfamilie als *establishing shot*. Im Verlauf der Szene folgt eine nähere Einstellung auf den Vater (Abb. 2) im Gespräch mit dem Sohn, danach eine enger gefasste Einstellung des Sohnes mit der Mutter im Hintergrund (Abb. 3) und schließlich ein Umschnitt auf die Schwester und die Mutter hinter diesem aufgehängten Kessel über der Feuerstelle (Abb. 4), daraufhin eine Rekadrierung, eine neue Kameraposition mit der Entwicklung der

Handlung (Abb. 5). Das ist klassisches Hollywood-*continuity*-Kino, genau das, was man in einem amerikanischen oder europäischen Film Mitte der Zwanzigerjahre erwarten würde.

Es fällt allerdings auf, dass Mizoguchi schon früh in seiner Karriere auch mit diesem Wechselspiel zwischen Sichtbarkeit und Ver-

Abb. 6

schleierung arbeitet, vor allem in Szenen, in denen es um Scham oder Schmerz geht. Dieser Ausschnitt hier zum Beispiel ist aus einem Mizoguchi-Film von 1929 mit dem Titel TOKYO KOSHIN KYOKU. Die Familie steht unter dem Eindruck eines tragischen Ereignisses (Abb. 6), und in einer einzigen Einstellung sehen wir, wie der Vater den Kopf senkt, die Tochter das Gleiche tut und der junge Mann, der ihr den Hof macht, sich von der Kamera abwendet. Das ist ein für Mizoguchi sehr typisches Mittel, minutiöse Veränderungen innerhalb einer einzigen Einstellung vorzunehmen – er lässt seine Figuren in sich zusammensinken, niederknien, zusammenbrechen, sich zu Boden werfen – seine Frauen zum Beispiel werfen sich dauernd zu Boden. Auch ganz am Ende von SANSHO DAYU sehen wir so etwas. Zum ersten Mal setzt er dieses Mittel in den Zwanzigerjahren ein.

Es gibt ein sehr schönes Beispiel aus dem Film TAKI NO SHIRAITO (DER WASSERZAUBERER) von 1933: Der Mann hat die Frau im Bahnhof entdeckt und setzt sich zu ihr an den Tisch (Abb. 7a), sie wendet sich von der Kamera ab, und – das ist ein verblüffender Moment – ihr Kopf sinkt einfach herab, tiefer als die Tischplatte (Abb. 7b). Gerade in diesen Szenen der Konfrontation, voll heftiger Emotionen und Dramatik, können

Abb. 7a

Abb. 7b

135

Abb. 1

die Figuren es nicht ertragen, einander ins Gesicht zu blicken, aber sie halten auch den Blick der Kamera nicht aus.

In GUBIJINSO (DER MOHN) von 1935 ist das auf beinahe manieristische Weise durchgeführt: Er verbirgt die Figuren ganz nach Art der japanischen Tradition, die wir bereits erörtert haben (Abb. 1); am Ende des Films fallen alle zu Boden: der Vater, die Tochter im Vordergrund und der junge Mann, der sie umwirbt, im Hintergrund. Er arbeitet also mit viel Tiefe (*vigorous depth*), aber auch mit einer ständigen Interaktion seiner Figuren, die sich entweder aufrichten oder zusammensinken, sich von der Kamera ab- oder ihr zuwenden.

Figuren können auch durch die szenografische Ausstattung, die Set-Einrichtungen, verdeckt werden, wie zum Beispiel in diesem Film, ORIZURU O-SEN (DER NIEDERGANG VON OSEN) aus dem Jahre 1934 (Abb. 2a): Der Junge, der hier im Haus arbeitet, wischt den Boden und kommt dabei in den Vordergrund. Wir haben keine Ahnung, was er gleich entdecken wird. Plötzlich stößt er auf Osen, die an dieser Rückwand lehnt (Abb. 2b). Sobald er sie sieht, kniet er nieder, und sie sieht ihn an. Er ist in sie verliebt. Diese Tendenz, uns Figuren in abgewandter Haltung zu zeigen, sie durch eine Requisite zu verdecken oder in so weiter Ferne erscheinen zu lassen, dass sie nicht erkennbar sind und Ähnliches, erreicht ihren Höhepunkt in einem seiner großen Filme aus den Dreißigerjahren.

Ein vielleicht in Deutschland wenig bekannter Film aus dem Jahr 1936 heißt NANIWA EREJI (NANIWA ELEGIE), auch unter dem Titel OSAKA

Abb. 2a

Abb. 2b

EREJI bekannt. Hier wenden sich die Figuren in Momenten starker Emotion nicht nur von der Kamera ab, sie ziehen sich auch vor der Kamera zurück und spielen die Szene in der Ferne weiter. Zur Illustration zeige ich lediglich zwei Bilder aus einer solchen Szene.

Der aufregendste Moment in NANIWA EREJI kommt, wenn Ayako ihrem Freund sagen muss, dass sie die Geliebte des Chefs geworden ist. Er hat keine Ahnung davon; er glaubt, dass sie ihn heiraten wird, als er sie in der luxuriösen Wohnung aufsucht, die der Chef ihr eingerichtet hat. Und weil es Ayako nicht über sich bringt, ihm die Wahrheit zu sagen – denn sie schämt sich allzu sehr vor ihm –, zieht sie sich immer weiter vor ihm zurück. Aber indem sie sich vor ihm zurückzieht, sich von ihm abwendet, ihm den Rücken kehrt, zieht sie sich auch vor uns zurück. Ayako kann sich aufgrund ihrer Scham auch der Kamera nicht zeigen. Fujino fragt, »Also, was hast du mir zu sagen?«, und sie antwortet ausweichend und entfernt sich von ihm (Abb. 3), geht ohne anzuhalten ins nächste Zimmer. Fujino folgt ihr. Sie ist fort, aber sie spricht noch. Dann folgt ein Schnitt. Man glaubt, die Szene wird sich nun hier entfalten. Doch der Höhepunkt der Szene, das dramatische Geständnis, kommt erst, als sie die entfernteste Ecke des Sets erreicht hat (Abb. 4). Sie weicht so weit wie möglich zurück. Es scheint, als könne sie nicht einmal uns ihre Scham zeigen.

Mizoguchis Ansatz ist in diesen Filmen der Dreißigerjahre noch ziemlich pluralistisch. Manchmal bedient er sich dieser langen Einstellungen, in denen das Geschehen weit in die Tiefe verlagert wird, wie in dieser Geständnis-Szene. Dann wieder untergliedert er seine Szenen in Nahaufnahmen, *reaction shots* und dergleichen. Zu Beginn von NANIWA ER-EJI arbeitet er bei einer Tisch-Szene mit sehr vielen Schnitten. Er hat sich also nicht eindeutig auf die lange Einstellung festgelegt. Es gibt sogar Einstellungen, die man gewissermaßen als Welles'sche Vorläufer be-

Abb. 3

Abb. 4

Abb. 1

trachten könnte (Abb. 1). Wir haben das Jahr 1936, und 1941 heimst Welles reichlich Lob dafür ein, solche Einstellungen als seine Kreation darzustellen. Ich denke jedoch, man kann mit Recht behaupten, dass Mizoguchi Anfang der Vierzigerjahre einen konsequenten, klaren Stil gefunden hat, der sich dadurch auszeichnet, dass jede Szene in ziemlich langen Einstellungen behandelt wird, im Allgemeinen ohne viele Nahaufnahmen. Er nannte dieses Verfahren: »1 Szene = 1 Einstellung-Methode«. Tatsächlich ist es aber nicht nur eine Einstellung, sondern es sind meist drei oder vier.

Ein Beispiel lässt sich an GENROKU CHUSHINGURA aus dem Jahr 1941/42 zeigen, seiner Version der *Chushingura*-Geschichte, die sehr früh schon von Makino verfilmt wurde. Da beginnt er eine Technik anzuwenden, bei der er Köpfe an einer horizontalen Linie entlang aufreiht. In dieser Geschichte, die im Mittelalter spielt, geht es um die Samurai-Ehre. Die Männer sitzen in ihren Walfischbeinkorsetts, die sie zu tragen pflegen, um ihren Schultern Breite zu geben, in einer Reihe auf dem Boden (Abb. 2). Durch feine Veränderungen in der Körperhaltung, etwa des Kopfes oder des Torsos, lenkt Mizoguchi die Aufmerksamkeit innerhalb verschiedener Einstellungen. Er untergliedert die Szene nicht in einzelne Nahaufnahmen. Er lässt beispielsweise einfach eine Figur aufstehen, was natürlich Aufmerksamkeit auf sich zieht und Reaktionen der anderen Figuren hervorruft, die der Zuschauer wahrnimmt. Er kreiert mit dem Kamerakran außerdem einige sehr majestätisch wirkende Einstellungen, begleitet die beiden Männer, während sie miteinander spre-

Abb. 2

chen, in einer Fahrtaufnahme. Zum Ende der Einstellung steigt die Kamera in die Höhe und lässt einen bedauernswerten Mann einsam und verlassen auf der Straße zurück. Es ist ein ganz großartiger und sehr teurer Film, von beinahe epischer Erhabenheit. Hier verzichtet Mizoguchi ganz und gar auf das Spiel mit der Sichtbarkeit und der Verschleierung. Hier ist alles so klar, wie Erich Auerbach es von Homer und epischer Dichtung feststellt. Alles ist sichtbar, man hat ein Gefühl, als seien die Szenen in ein helles Licht getaucht, das einem alles enthüllt, was man sehen muss.

Nach dem Krieg beginnt Mizoguchi diese Möglichkeiten zu erforschen. Er entwickelt zum Beispiel das Spiel mit der Sichtbarkeit und der Verschleierung als Mittel, um einen Spannungsbogen zu erzeugen. Hier ein Beispiel aus dem Film WAGA KOI WA MOERU (MEINE LIEBE BRENNT) von 1949, in dem er Frontalität als eine Art Klimax einsetzt. Wir sehen Eko, die Heldin des Films, und ihren Geliebten (von hinten) beisammen sitzen. Er ist ein Taugenichts und ein Trinker, der ihr gemeinsames Parteiideal verraten hat (Abb. 3a). Eko zeigt sich seinem Begehren gegenüber verschlossen. In dieser Szene, die in einer einzigen Einstellung gedreht ist, will er sie vergewaltigen. Im dramatischsten Moment schleudert er sie zu Boden, und ihr Gesicht ragt in den Vordergrund, beinahe wie in einer Großaufnahme (Abb. 3b). Der Effekt ist fast erschreckend: Ihr Kopf scheint uns, nachdem wir bisher eine so große Distanz zu den Figuren hatten, förmlich entgegenzufliegen. Dann reißt er sie weg (Abb. 3c), sie verschwinden (Abb. 3d), und die Kamera bleibt auf den leeren

Abb. 3a

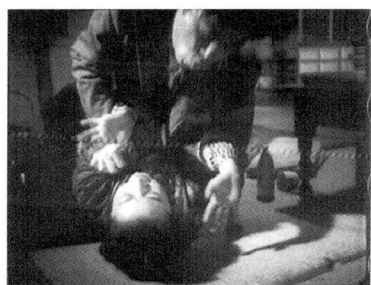

Abb. 3b

Abb. 3c

Abb. 3d

Abb. 3e

Abb. 3f

Raum gerichtet. Während uns also einerseits das Geschehen in extremer Deutlichkeit gezeigt wurde – wie mit der Nahaufnahme ihres Gesichts, das im Vordergrund uns entgegen kommt, wenn sie zu Boden stürzt –, hält die Kamera jetzt still, und wir erfahren nicht, ob er sie tatsächlich vergewaltigt oder nicht. Das Geschehen spielt sich außerhalb der Kadrierung ab. Und dann geschieht plötzlich etwas völlig Überraschendes, eine große schwarze Masse, ein Wandschirm, fällt ins Bild (Abb. 3e), und dann rennt Eko von links in die Kadrierung und flüchtet vor ihm (Abb. 3f).

In einigen seiner Filme kehrt Mizoguchi zu der in NANIWA EREJI angewendeten Strategie zurück. In dem erstaunlichen Film aus dem Jahr 1947, JOYU SUMAKO NO KOI (DIE LIEBE DER SCHAUSPIELERIN SUMAKO), sind die Figuren manchmal während großer Teile ganzer Szenen praktisch nicht sichtbar; sie gehen von uns weg und führen ihre Gespräche mit von uns abgewandten Gesichtern (Abb. 4). Doch zu dem Zeitpunkt, da Mizoguchi SANSHO DAYU dreht, hat er offensichtlich beschlossen, dieses Spiel mit der Sichtbarkeit auf eine nuanciertere und komplexere Art einzusetzen. Er hat meiner Meinung nach zu diesem Zeitpunkt eine hohe Könnerschaft erreicht, und dreht diesen Film mühelos.

Abb. 4

Mizoguchi bedient sich rekurrenter Bildmotive, wie zum Beispiel des *Gittermotivs*, das er einbaut, wenn die Mutter von den Sklavenhändlern fortgebracht wird. Wir sehen in dieser unvergesslichen Einstellung (Abb. 5) ihre Hand, die sich an das Gitter klammert, und wir werden uns später, wenn Zushio nach ihr sucht, die-

Abb. 5 Abb. 6

ses Gitters erinnern, es ist ein Gitter gleicher Art, und wir vermuten, dass die Mutter nahe sein muss.

Es fällt ferner auf, wie er *Holz* generell einsetzt, das Gitter und die Bäume, die als Erinnerung an Zushio, Anju und ihre Mutter Bedeutung erlangen, wenn diese daran zurückdenken, wie sie die Äste der Bäume abgeschnitten haben, um einen Unterschlupf zu bauen. Oder an anderer Stelle, wenn die Mutter im Begriff ist, mit den Kindern und den Bootsleuten davonzufahren, sehen wir im Vordergrund diesen Baum, der schon Sanshos Stab vorwegnimmt, den großen lanzenähnlichen Stab, der aussieht wie ein dünner Ast eines Baums (Abb. 6).

Oder denken wir an die Rolle des *Wassers* in diesem Film: den Bach, dessen Lauf sie zu Beginn des Films folgen, wenn sie noch eine vollständige Familie sind; dann das Wasser, das sie trennt, wenn die Bootsleute die Kinder entführen; das Wasser, das sie trennt, wenn Anju das Lied ihrer Mutter zu hören scheint; das Wasser, das die Mutter, nachdem sie den Abhang hinunterflüchtet, zu überwinden versucht; das Wasser, in dem Anju sich ertränkt und in dessen Vordergrund wieder dieser hohe, dünne Baum steht, der an die Zeit gemahnt, da die Familie getrennt war, und selbstverständlich dasselbe Wasser, wenn Zushio zurückkehrt, seine Schwester zu ehren, die sich geopfert hat, um ihm die Flucht zu ermöglichen.

Wir haben hier ein großes Repertoire an Inszenierungsstrategien für jede einzelne Szene. Zu diesem Zeitpunkt hat Mizoguchi Dutzende von Filmen gemacht, er ist ein Meister der japanischen Tradition formalistischer, aber scheinbar müheloser Künstlichkeit, bei der die Komposition zu jedem Moment perfekt darauf abgestimmt ist, den Blick des Zuschauers zu steuern. Winzige Veränderungen der Einstellung gestatten ihm, unsere Aufmerksamkeit umzulenken. So kann er uns zum Beispiel eine Totale ohne jede Kamerabewegung zeigen, die hier beginnt, und bei

Abb. 1a   Abb. 1b

der die Kadrierung gefüllt scheint mit den Beratern des Vaters, die hier zusammenkommen, um ihre Vorgehensweisen (*policies*) mit ihm zu besprechen (Abb. 1a). Dann kommt aus dem linken Vordergrund ein Mann ins Bild. Er setzt sich und die Besprechung geht weiter, aber alles hat sich verändert, denn dieser Mann rechts hat seinen Kopf gedreht, sodass wir jetzt das Gespräch im Vordergrund beobachten (Abb. 1b) und nicht das Gespräch zwischen dem Vater und den anderen Beratern im Hintergrund des Bildes.

Bekanntlich ist im Rahmen der *découpage*-Tradition die Schuss/Gegenschuss-Methode das geläufigste Mittel, um einen Dialog zu filmen: Zwei Personen stehen einander gegenüber, wir zeigen abwechselnd die eine und dann die andere, wobei häufig die eine über die Schulter der anderen aufgenommen wird. Das ist eine Montagelösung, die Mizoguchi nicht nötig hat. Mizoguchi schafft das in einer einzigen Einstellung. Wenn man heute ins Kino geht, sieht man die Regisseure dauernd Dialoge untergliedern; Naheinstellungen wechseln sich ab bei jedem Stück Text, sodass man sich manchmal fragt: Warum kann die Einstellung nicht gehalten werden?

In einer anderen SANSHO-DAYU-Szene wird die Kamerabewegung zur Quelle des *suspense* dadurch, dass kaum geschnitten wird und vielmehr ein weitschweifiger, schleppender Rhythmus erzeugt wird. Es handelt sich um die Szene, in der Anju zum ersten Mal das Lied hört, das die neue Sklavin Kohagi in die Spinnerei bzw. Weberei mitbringt, ein Lied, das Zushios Rolle als Befreier reflektiert. Eine typische Mizoguchi-Komposition: Ein Raum, in dem sich die Figuren an verschiedenen Diagonalen entlangbewegen, wie wir es aus der japanischen Bildtradition kennen, tut sich auf (Abb. 4a), mit Bewegung in den Vordergrund, um die Szene auszuspielen (Abb. 4b), aber ebenso dem beredten Einsatz des dem Zuschauer zugewandten Rückens (Abb. 4c). Mizoguchi braucht jetzt nicht mehr ganz so überschwenglich seinen Stil hervorzuheben wie in den Dreißigerjahren, als der Zuschauer ganze Szenen lang die Figuren nur von hinten zu sehen bekam. Jetzt können solche Abwendungen als Akzentuierungen der mehr frontalen Dreiviertelansichten dienen, die weit häufiger sind. Wegen der geringen Einstellungszahl fällt ein Schnitt besonders auf (Abb. 4d zu 5), und zwar als die neue Sklavin das Wort *Sado*, den Namen der Insel, auf der sie verkauft wurde, ausspricht.

Bei der hier gezeigten Einstellungsfolge (Abb. 2–9) ist wieder die Ausnutzung des Tiefenraums infolge einer diagonalen Inszenierungsweise

Abb. 2

Abb. 3

Abb. 4a

Abb. 4b

Abb. 4c

Abb. 4d

Abb. 5

Abb. 6a

Abb. 6b

Abb. 6c

Abb. 6d

Abb. 7a

Abb. 7b

Abb. 7c

144

hervorstechend (Abb. 6a–d). Mit Einsatz der Musik bzw. des Liedes beginnt diese spannungsvolle Kamerabewegung, von der ich gesprochen habe. Wir als Zuschauer erinnern uns gleich beim Anheben der Melodie an diese (Abb. 7a), noch bevor die Protagonistin durch ihr Aufmerken die Wiedererkennung anzeigt (Abb. 7b). Wieder betont eine nähere Einstellung die Wichtigkeit (Abb. 8a), genau wie wir es zuvor gesehen haben, doch mit vertauschten Figurenpositionen. Die Kamera scheint mit Anjus Fortgehen den Rhythmus des Lieds aufzunehmen (Abb. 8c, d, e). Zu Beginn der Szene befand sie sich vor diesem vorhangartigen Gebilde aus herabhängender Wolle und gewebtem Stoff (Abb. 3) und blickte nach draußen auf die Grausamkeit ihres Bruders (Abb. 2). Jetzt bringt uns Mizoguchi an diesen Vorhang zurück. Wir begannen ganz sachte, wanderten allmählich zu einem visuellen Höhepunkt, in dem Anju ganz nah an die Kamera herankommt (Abb. 8e), aber Mizoguchi beendet die Szene mit ihrem Rückzug von der Kamera (Abb. 8g). Ein Zickzack-Kurs aus dem Hintergrund zum Vordergrund und zurück in den Hintergrund! Und schließlich das Lied über dem Bild des Meeres, sodass man nicht weiß, ob es wirklich gesungen wird oder ein Echo, eine Erinnerung oder etwas anderes ist (Abb. 9a und b).

Abb. 8a

Abb. 8b

Abb. 8c

Abb. 8d

Abb. 8e

Abb. 8f

Abb. 8g

Abb. 8g/9a

Abb. 9b

Solche erhabene Einfachheit hebt sich deutlich hervor, wenn wir auf das Schema zurückblicken, mit der wir uns schon seit der ersten Vorlesung befassen. Diese Idee, einer Szene Rhythmus zu geben, indem man die Personen der Kamera näherkommen und sich wieder entfernen lässt, ist sehr alt. Ein Lumière-Kameramann entdeckte sie, wie ich gezeigt habe, bereits in den frühesten Anfängen des Kinos, 1897 in dem Film LE FAUX CUL-DE-JATTE: ein Mann im Vordergrund, sehr frontal; ein Mann, der aus dem Hintergrund kommt. Im Verlauf der Szene nähert sich ein Polizist aus dem Hintergrund und die Handlung steigert sich zu einem

Höhepunkt (vgl. S. 18f.). Das zentrale Geschehen der Szene spielt sich im Vordergrund ab, der Kamera relativ nahe. Wenn dann der Scheinamputierte von seinem Wagen aufspringt und in den Hintergrund davonläuft, folgt ihm der Polizist, und damit ist die Szene beendet. Das ist eine sehr einfache Skizze dieser Idee, innerhalb einer Szene einen handlungstragenden visuellen Spannungsbogen vom Hintergrund zum Vordergrund und zurück zum Hintergrund zu ziehen. Bei Mizoguchi sehen wir dieses Grundschema in hochverfeinerter Form: Anju geht vom Hintergrund zum Vordergrund, während sie das Lied hört. Die Szene endet mit ihrem Rückzug in den Hintergrund.

Ein weiteres Beispiel für diese Inszenierungstechnik liefert eine der großartigsten Szenen des Films, bevor Anju sich umbringt. Auch hier arbeitet Mizoguchi mit dieser Idee raffinierter kleiner Veränderungen der Sichtbarkeit. Anju kommt, von den Fragen der alten Frau bedrängt, mit dem Rücken zu uns (Abb. 10a) in den Vordergrund, verbirgt im rechten Moment ihre Reaktion, dreht sich dann herum (Abb. 10b). Wieder nimmt die Kamera Anjus Rhythmus auf und fährt parallel zu ihr nach links, sodass wir die alte Frau aus den Augen verlieren (Abb. 10c). Fast zu erhaben hebt sich Anjus Gesicht vom Baumstamm ab (Abb. 10d).

Abb. 10a

Abb. 10b

Abb. 10c

Abb. 10d

Abb. 10e

Abb. 10f

Abb. 10g

Abb. 10h

Abb. 10i

Abb. 10j

Und dann geht die Bewegung zurück in die Ferne (Abb. 10e), wo sich die alte Frau gerade an diesen Baum binden lässt (Abb. 10f und g), weil er weiter entfernt steht, was nicht von der Handlungslogik, wohl aber von der Inszenierungslogik gerechtfertigt erscheint. Aber die Szene ist noch nicht vorbei: Sie endet mit diesem großen schwingenden Tor, durch das Anju flüchtet (Abb. 10h und i) und dessen Bewegung die Szene ausklingen lässt (Abb. 10j).

Wir haben in der Form der Hinbewegung auf den Betrachter eine weit kunstvoller ausgearbeitete Version dieses sehr einfachen visuellen Schemas, das wir bei Lumière gesehen haben. Es gibt also so etwas wie eine Kontinuität der visuellen Stilvorstellung von den frühesten Anfängen des Kinos bis zu einer kunstvollen und detaillierten Ausarbeitung bei Mizoguchi.

Und tatsächlich setzt sich dieses Spiel mit der Sichtbarkeit bis zum Ende des Films fort, bis zu seiner letzten Einstellung, die in mancher Hinsicht einfacher nicht sein könnte. Die Figuren wenden sich von uns ab, sie liegen auf dem Boden, sie können sich kaum rühren, heben nur die Köpfe und senken sie wieder. Jeder Moment ist eine Gelegenheit, ihre Reaktionen wahrzunehmen und ihr Leiden tiefer zu fühlen.

Nicht nur bis zum Ende dieses Films führt Mizoguchi dieses Spiel fort, sondern bis zum Ende seiner Karriere. Noch in seinem letzten Film, AKASEN SHITAI (STRASSE DER SCHANDE) von 1956, variiert er es mit unglaublichen neuen Ideen. Man braucht sich nur anzusehen, wie er die Architektur des Bordells einsetzt, indem er die Gesichter der Frauen in den verschiedenen Öffnungen erscheinen und wieder verschwinden lässt, während die Handlung sich entwickelt. Er besaß eine grenzenlose bildliche Vorstellungskraft (*visual imagination*), die Fähigkeit, die Prinzipien der japanischen Bildkunst auf alle möglichen unterschiedlichen Weisen zu denken; Kompositionsformen, wie die des zu Beginn gezeigten Badehaus-Bildes, bleiben in ihm lebendig.

All diese Optionen, die wir bei Mizoguchi und Ozu und anderen beobachtet haben, können als Japans eigene von der Tradition bestimmte Abwandlungen (*re-workings*) der internationalen Filmsprache gesehen werden, die sich in der Stummfilmzeit entwickelte und im Lauf der Tonfilmzeit gewisse Veränderungen erfuhr. Montage, Komposition und Inszenierung erhielten durch die Traditionen der japanischen visuellen Kultur ihre eigene besondere Prägung. Und einige dieser Ansätze besitzen noch heute in Japan Gültigkeit, wie ich in der nächsten Vorlesung versuchen werde darzulegen.

Fragen an Bordwell zu dieser Vorlesung:

Frage: Können Sie noch etwas zum Ende von SANSHO DAYU sagen?

Antwort: Es ist offensichtlich eines jener komplexen Kunstwerke, wo die Familie zwar wiedervereint wird, jedoch zu einem hohen Preis, unter großen Opfern. Das Ende ist meiner Meinung nach ausgesprochen tragisch: Die Mutter leidet Entsetzliches, der Sohn hat lernen müssen, dass die Welt von Leuten wie Sansho regiert wird, dass diese Leute die Norm sind, dass diese Unterdrückung der Dauerzustand ist und es nur Momente gibt, wo Idealisten wie sein Vater den Versuch unternehmen, die Bedingungen zu verändern. In meinen Augen ist das, wie gesagt, ein sehr tragischer Schluss: Obwohl sie wieder vereint sind, bleibt das unumstößliche Gefühl, dass außerhalb dieser flüchtigen Liebe zwischen Mutter, Sohn und Tochter und der Treue zum toten Vater am Ende nicht viel bleibt. Der Widerschein Anjus ist natürlich die Einstellung vom Meer. Ich sehe hier das Wasser, in dem sie sich geopfert hat, das Wasser, über das hinweg sie das Lied ihrer Mutter hörte, und diese Metaphorik am Ende gibt uns, könnte man vielleicht sagen, auch die Tochter zurück. Aber wiederum zu einem hohen Preis. So zeigt sich beispielsweise, dass die Bauern und die Sklaven mit ihrer Freiheit nichts anzufangen wissen, die – vielleicht zurecht – zerstörerisch daherkommt, aber im Grunde verbessert dies den Zustand der Welt nicht wesentlich. Für *mich* ist das ein schrecklich pessimistischer Film, aber vielleicht auf solch eine Weise, wie *König Lear* pessimistisch ist.

Frage: Wie weit hat das japanische Kino den amerikanischen Film oder den westlichen Film überhaupt beeinflusst?

Antwort: Ich denke, man kann mit Recht sagen, dass die meisten amerikanischen Filmemacher der klassischen Periode nie Gelegenheit hatten, japanische Filme zu sehen. Die Filme, die ich als Beispiele angeboten habe, wurden in den USA erst lange nach ihrer Fertigstellung gesehen, das gilt selbst für die frühen Kurosawa-Filme. Eigentlich begannen die westlichen Regisseure, nicht nur die Amerikaner, sondern auch die Europäer, erst in den Fünfziger- und Sechzigerjahren japanische Filme zu sehen. Ich will kurz zwei Beispiel anführen – in den Fünfzigerjahren sahen die französischen Filmemacher der *Nouvelle Vague*, die damals noch als Kritiker bei den *Cahiers du Cinéma* tätig waren, die ersten Mizoguchi-Filme, insbesondere SANSHO DAYU und SAIKAKU ICHIDA ONNA (DAS LEBEN DER FRAU OHARU) sowie zwei, drei andere, die Mizoguchi in den Fünfzigern gedreht hatte, und ließen sich von diesen Filmen in ihren Theorien über die *mise en scène* durchaus inspirieren. Ich werde in der nächsten Vorlesung mehr dazu sagen.

In Amerika ließ man sich weit mehr von den Kurosawa-Actionfilmen beeinflussen, besonders von SHICHININ NO SAMURAI (SIEBEN SAMURAI) und YOJIMBO in den Fünfziger- und den frühen Sechzigerjahren. Viele amerikanische Filmemacher nahmen sich Kurosawas Technik der Actionszenen zum Vorbild. Ich denke, man kann eine Verbindungslinie zwischen Kurosawa und Sam Peckinpah ziehen, der zweifelsohne gewisse visuelle Einfälle von Kurosawa übernimmt. Kurosawas Filme, etwa diese Samurai-Filme aus den Fünfziger- und Sechzigerjahren sind – weil der japanischen Tradition verbunden – sehr blutrünstig. Ich denke zum Beispiel an YOJIMBO oder TSUBAKI SANJURO. Meiner Meinung nach trug Kurosawa mit seinen Filmen in den Fünfziger- und Sechzigerjahren erheblich dazu bei, Gewaltfilme – international gesehen – möglich oder denkbar zu machen. Natürlich taten das amerikanische Regisseure auch, man denke nur an PSYCHO, aber Kurosawa spielte bei dieser sich entwickelnden Bereitschaft, Gewaltdarstellungen zu akzeptieren, ebenfalls eine sehr entscheidende Rolle. Er war für amerikanische Filmemacher wie Peckinpah, die das Phänomen der Gewalt interessierte, zweifellos attraktiv. Sein Einfluss lässt sich auch bei Filmemachern wie Sergio Leone nachweisen, dessen erster Western auf Kurosawas YOJIMBO basiert, und er hat auf spätere Regisseure gewirkt, Leute wie Lucas, der selbst sagt, dass STAR WARS von Kurosawas KAKUSHI TORIDE NO SANAKUNIN (VERBORGENE FESTUNG) von 1958 beeinflusst ist; R2D2 und C3PO basieren angeblich auf Figuren aus diesem Kurosawa-Film. Sicherlich kann man festhalten, dass Kurosawa unter den japanischen Regisseuren derjenige ist, der die Amerikaner am stärksten beeinflusste. Abgesehen von ihm und Mizoguchi haben japanische Filmemacher mit ihren Werken meiner Meinung nach kaum Wirkung hinterlassen – abgesehen vielleicht von einem deutschen Phänomen.
Denn Deutschland hat einen Filmemacher, der sich am Anfang seiner Karriere geradezu danach sehnte, vom japanischen Kino beeinflusst zu werden, und das ist Wim Wenders, der gerne wie Ozu gefilmt hätte. Aber dazu ist es zu spät. Niemand kann Ozu sein. Die Wiederent-

deckung Ozus in den frühen Siebzigerjahren wird also zu einem weiteren Einfluss, insbesondere auf das europäische Kino, der allerdings insgesamt nicht sehr nachhaltig ist. Alles in allem hat – meiner Meinung nach – das japanische Kino das westliche nur in geringem Maße beeinflusst.

Viertes Kapitel: Die Neunzigerjahre

Über Preminger, Antonioni, Miklós Jancsó, Hitchcock, Michael Bay, Robert Bresson, Alain Resnais, Jean-Luc Godard, Wim Wenders, Angelopoulos, Wong Kar-Wai, Kitano, Hou Hsiao-Hsien u.v.m. zu Tom Tykwer: LOLA RENNT (D 1998)

Das Thema dieser Vorlesung sollten eigentlich die Neunzigerjahre sein, aber da sich meine Ausführungen das letzte Mal ganz auf den japanischen Film konzentrierten, werde ich heute einen Bogen von den Fünfziger- bis zu den Neunzigerjahren spannen und LOLA RENNT im Rahmen der Entwicklungen des modernen Kinos betrachten. Es wird also einen Rückblick auf die Fünfzigerjahre geben, und von da aus werden wir uns allmählich an LOLA RENNT heranarbeiten.

Die Ästhetik der langen Einstellung mit Kamerabewegungen, die sich mit Einführung des Tons im Kino der Dreißiger- und Vierzigerjahre entwickelte, erreicht ihren Höhepunkt in den Fünfziger- und Sechzigerjahren. Sowohl in Europa als auch in den USA gibt es eine Reihe von Filmemachern, die die verschiedenen Möglichkeiten der langen Einstellung (*sustained shot*) mit Kamerabewegungen und anderen dazu gehörigen Elementen voll ausschöpfen. Diese Technik wurde besonders in der französischen Filmkultur rund um die *Cahiers du Cinéma* geschätzt, wo Leute wie Truffaut, Rivette, Rohmer, Godard die Ansicht vertraten, die Qualität eines Regisseurs zeige sich an seiner Fähigkeit, lange Einstellungen durchzuhalten, die Figuren innerhalb der Kadrierung umherzubewegen und die Kamerabewegung auf sie abzustimmen. Truffaut beispielsweise sagt: »In den frühesten Tagen, in den Anfängen des Kinos bedeutete *mise en scène* die Anordnung visuellen Materials vor der Kamera; nur die Eingeweihten wussten, dass dieses Wort in Wirklichkeit für alle Entscheidungen des Regisseurs stand: Kameraposition, Blickwinkel, Spiel der Darsteller. Lediglich diese Eingeweihten wussten daher, dass *mise en scène* beides beinhaltet – die Geschichte, die erzählt wird, und die Art und Weise, in der sie erzählt wird.«*

Im Hollywood-Kino der Vierziger- und Fünfzigerjahre gibt es eine Tendenz zu dieser Ästhetik der langen Einstellung mit Kamerabewegung, in Entsprechung zu dem, was die Franzosen *mise en scène* nannten. Selbst Hitchcock, der, wie ich später zeigen werde, gern und viel schnitt, spiel-

---

*François Truffaut: »Sacha Guitry, cinéaste«, in: *Guitry, le cinéma et moi*. Paris: Ramsay, 1977, S.14.

te in einem seiner Filme, ROPE, 1948, kurz mit dieser Technik. Im Besonderen die Einführung von Breitwandformaten, anamorphotischen Formaten wie Cinemascope oder anderen wie Vistavision, schien diese Tendenz zur langen Einstellung, bei der man sich stärker auf die Schauspieler und die Bewegungen der Figuren innerhalb der Kadrierung verließ, zu begünstigen. In den Vierziger- und Fünfzigerjahren wurde tatsächlich in den meisten Filmen, jedenfalls den anspruchsvollsten Filmen, mit ziemlich langen Einstellungen von 9 bis 12 Sekunden Dauer gearbeitet. Hitchcock macht in einigen seiner Filme mit zehn bis dreißig Einstellungen pro Szene eine Ausnahme.

Um ein Beispiel dieser ästhetischen Form zu geben, könnte ich auf die Filme mehrerer Regisseure zurückgreifen, George Cukor etwa, oder Vincente Minnelli oder Samuel Fuller. Aber ich habe einen Ausschnitt aus Otto Premingers RIVER OF NO RETURN aus dem Jahr 1954 gewählt. Es gibt in diesem Film zwei Szenen, die gut als Beispiel dafür dienen können, was im Breitwandkino Hollywoods in den Fünfzigerjahren als normales Filmhandwerk betrachtet wurde. Marilyn Monroe und Rory Calhoun fahren auf einem Floß den Strom hinunter (Abb. 1). Robert Mitchum und der Junge entdecken sie von ihrer Farm aus (Abb. 2). Schon hier fällt auf, dass Preminger die Szene nicht in viele Naheinstellungen auflöst, sondern versucht, jeden Handlungsteil in einer einzigen Einstellung zu erfassen, auch wenn er zwischen den beiden Figurengruppen alternierend schneiden muss: hier der Junge und sein Vater; dort das Paar auf dem Floß. Die Szene entwickelt sich bis zur Aufnahme aller Personen in einer Einstellung im Zuge der Rettungsaktion (Abb. 3a). Man begreift, dass wegen solcher Figuren- und Detailfülle innerhalb der Kadrierung bei einem gewöhnlichen Cinemascope-Film im Durchschnitt mit Einstellungen von 9 bis 12 Sekunden Länge gearbeitet wird. Anstatt zu schneiden, fährt Preminger mit der Kamera parallel zur Handlung, um alles in die Kadrierung einzuschließen. Und wenn er schneidet, ist es vorzugsweise ein simpler Schnitt, der eine schlichte Vergrößerung bewirkt.

Man beachte jetzt das folgende: Die Frau, die die Monroe spielt, hat als Barsängerin gearbeitet und all ihre Habe bei sich, nicht nur ihre Gitarre, sondern auch ihre Bühnengarderobe. Dieser Garderobenkoffer fällt ins Wasser und treibt davon (Abb. 3b). Und *weil* die Einstellung so weiträumig ist, kann Preminger auch dies innerhalb derselben Kadrierung zeigen, ohne zu schneiden, ohne die Aufmerksamkeit des Zuschauers durch eine Naheinstellung darauf lenken zu müssen. Der Kof-

Abb. 1

Abb. 2

Abb. 3a

Abb. 3b

Abb. 3c

Abb. 3d

fer gleitet einmal zwischendurch aus der Kadrierung hinaus; wenn die Kamera zurückfährt, kommt er wieder ins Bild (Abb. 3c). Preminger kann seine Figuren nebeneinander aufreihen, aber zugleich mit derselben Einstellung den Koffer wieder in Erinnerung bringen (Abb. 3d), der im Hintergrund den Fluss hinuntertreibt. Es findet also ein gewisses Spiel mit der Raumtiefe statt.*

Ich hatte behauptet, dass über eine weite Strecke der Kinogeschichte zu gekonnter Regiearbeit die Tiefeninszenierung, die Bewegung der Figuren im Tiefenraum gehörte, um durch die ständig wechselnden Aspekte der Figuren die Aufmerksamkeit des Zuschauers auf Gesten oder Gefühlsregungen in ihren Gesichtern zu lenken. Im vorliegenden Fall verläuft die Sache jedoch etwas subtiler.

*Anmerkung des Herausgebers: Dieses Spiel mit der Raumtiefe geht in der Videofassung des Films verloren, weil infolge eines *Pan-and-Scan*-Verfahrens das Video bestimmte Einstellungen in Teileinstellungen zerlegt. So wird z.B. diejenige Einstellung, die alle vier Personen nach der Rettung vor dem Hintergrund des Flusses mit Floß zeigt, in zwei sukzessive Einstellungen von je zwei Personen geteilt. Vgl. zu dieser Thematik David Bordwell / Kristin Thompson: *Film Art. An Introduction.* New York: McGraw-Hill, 1979ff; in der 4. Aufl. von 1993 wird auf S. 27f. dieser Film behandelt.

Abb. 4   Abb. 5

Preminger lässt den Zuschauer aufgrund einer frühen Szene im Innern der Farm wissen, dass der Vater sein Gewehr in einem Futteral aufbewahrt, das neben der Tür hängt (Abb. 4). In einer späteren Szene nach Ankunft von Rory Calhoun und Marilyn Monroe – einer lang andauernden Einstellung – erwartet Preminger vom Zuschauer, dass dieser sich nicht nur erinnert, dass der Platz des Gewehrs neben der Tür ist, sondern auch bemerkt, dass die Waffe nicht mehr da ist (Abb. 5). Das Holster war in der Mitte der Kadrierung, für den Zuschauer zu jeder Zeit im Verlauf der Szene wahrnehmbar. Diese Offenheit des Blickfelds – man kann etwas in die Kadrierung aufnehmen, und der Zuschauer kann es in Muße wahrnehmen, wie z.B. das Bündel, das flussabwärts treibt –, diese Art der bildparallelen Inszenierung, die dennoch auch wichtige Elemente in die Tiefe stellt, ist etwas, das viele für eine natürliche Folge des Umgangs mit dem Cinemascope-Format hielten. Die Technik der Tiefeninszenierung, mit der wir uns seit Beginn dieser Vorlesungsserie befassen, besitzt also weiterhin Gültigkeit.

Im europäischen und sowjetischen Kino derselben Periode arbeitet man meiner Meinung nach mit den gleichen ästhetischen Prinzipien, das heißt, die lange Einstellung mit den komplexen Kamerabewegungen erfährt in Europa eine ähnliche Aufwertung. Das hat seine Ursache in verschiedenen Traditionen. In der UdSSR beispielsweise sind diese Prinzipien Teil einer Monumentalästhetik, die wohl aus dem stalinistischen Kino hervorgeht. Bei Filmen des dänischen Regisseurs Carl Theodor Dreyer, besonders in seinen Filmen ORDET (1955) und GERTRUD (1964), sieht man, dass er zu sehr langen Einstellungen – 65 Sekunden in ORDET – greift, weil er eine theaterhafte Vorstellung vom Kino hegt. Für ihn sind Kamera- und Figurenbewegung die Fortführung einer Bühnenästhetik. Es gibt in Europa noch andere Beispiele, aber einer der berühmtesten Vertreter dieser ästhetischen Richtung ist zweifelsfrei Antonioni. Ich zeige eine Bildfolge einer einzigen Einstellung aus seinem Film LE AMICHE (DIE FREUNDINNEN) von 1955, wobei das Zusammenspiel von Figuren- und Kamerabewegung innerhalb dieser langen

Einstellung, die auf Renoir, Ophüls, Hawks und andere Regisseure zurückweist, besonders faszinierend ist. Gleichzeitig aber zeigt sich bei Antonioni eine Verlangsamung im Gegensatz zu Hawks und Renoir, die Kamera- und Figurenspiel – die Choreographie beider – nach Art eines schnellen Tanzes komponierten. Bei Antonioni ist alles viel getragener, da er eine ganz andere Stimmung entwerfen möchte.

Die Szene spielt in einer Bildergalerie. Die Frau, deren Porträt links an der Wand zu sehen ist (Abb. 1a), hat gerade einen missglückten Selbstmordversuch unternommen, weil sie mit dem Galeristen eine unglückliche Affäre hatte. Zwei Freundinnen dieser Frau suchen den Galeristen auf, um ihn über das Selbstmordmotiv aufzuklären. Diese Szene dient dazu, ihn zu charakterisieren und deutet an, dass ihm das Schicksal seiner Geliebten im Grunde gleichgültig ist. Die Szene beginnt mit dem Eintreten der einen Freundin und entfaltet sich zu einer sehr komplexen Folge von Kamerapositionen innerhalb der Einstellung, in deren Verlauf wir immer wieder zu diesem im Hintergrund ausgestellten Bild der *abwesenden* Frau zurückkehren (Abb. 1c), die der eigentliche Mittelpunkt der Szene ist. Die eingetretene Freundin wendet sich nach links herum, um das Porträt anzusehen. Die Kamera schwenkt weiter nach

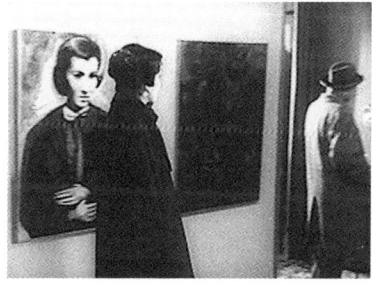

Abb. 1a

Abb. 1b

Abb. 1c

Abb. 1d

Abb. 1e

Abb. 1f

Abb. 1g

Abb. 1h

Abb. 1i

Abb. 1j

Abb. 1k

Abb. 1l

158

rechts und betont eine diagonale Anordnung in der Tiefe, wo rechts im Hintergrund sich die Ehefrau des Galeristen, die Betrogene, befindet (Abb. 1b). Die Kamera fährt zurück, während die zweite Frau in die Kadrierung tritt (Abb. 1c) und von links der Galerist auftaucht. Darauf tritt die erste Frau, die zuvor nach rechts abgegangen ist, wieder von rechts in die Kadrierung (Abb. 1d). In unablässiger Umkreisung des Galeristen sowohl durch die zwei ihn ausfragenden Freundinnen als auch die Kamera entspinnt sich eine faszinierende Choreographie, in deren Zentrum immer wieder das Porträt der Geliebten rückt, deren Sache die Freundinnen vertreten. Der Galerist ergeht sich in Rechtfertigungen und streitet jegliche Schuld ab (Abb. 1n), während Personen wie Kamera in ständiger Unrast weiterhin umeinander kreisen, die Personen in immer wieder neuer Konfiguration auftreten (Abb. 1i–o). Zwischendurch »blickt« das Porträt dem Mann direkt über die Schulter (Abb. 1l und m), während am rechten Ende dieser Wand ein gewöhnlicher Kunde immer noch mit der Ehefrau verhandelt, sodass wir die porträtierte Frau, den Mann, der ihr Geliebter war und weiter hinten die betrogene Frau nebeneinander sehen (Abb. 1m). Die Kamera schwenkt nach links, von wo die Ehefrau ins Bild kommt (Abb. 1p), denn sie ist *hinter* der Wand, an

Abb. 1m

Abb. 1n

Abb. 1o

Abb. 1p

Abb. 1q

Abb. 1r

Abb. 1s

der das Porträt hängt, herum gekommen, und die Szene läuft weiter, zeigt uns seine Gleichgültig-
keit und ihre Abwendung von
ihm – eine sehr dichte Komposition dieser drei Menschen (Abb.
1q–r). Das alles spielt sich innerhalb einer einzigen Einstellung ab.
Antonioni hat diese Choreografie
seiner Darsteller mit den Neben-
figuren – den Frauen – durchgehalten und die dramatische Handlung
von den Besucherinnen auf die häusliche Situation verlagert: den Ehemann, seine Frau und die Frau zwischen ihnen (Abb. 1s). Diese virtuose Handhabung der langen Einstellung mit Kamera- und Figurenbewegung innerhalb der Kadrierung war mit ein entscheidendes Merkmal der
Konzeption, die man in den Fünfziger- und Sechzigerjahren von mo-
dernem Kino hatte. Kamerabewegung ließ sich einsetzen zur Erzeugung
eines Rhythmus, zur Orientierung auf die Handlung, zur Entwicklung
dramatischer Spannung.

Ich möchte noch ein Beispiel aus dem Werk eines anderen Filmemachers
zeigen, dessen Arbeitsweise sich aus der Antonionis heraus entwickelt
hat. Wie Antonioni gewisse Techniken von Renoir übernommen hat, so
übernimmt der Ungar Miklós Jancsó von Antonioni wieder bestimmte
Ideen, aber mit anderer Zielrichtung. 1967, als Jancsó den Film Csil-
lagosok Katonák (Die Roten und die Weissen) dreht, verfügt er
über ein Zoom-Objektiv und eine auf Schienen fahrbare Kamera. Er
dreht im Freien und nicht im Atelier, sodass diese in Innenräumen ge-
fangene Spiralbewegung, die wir bei Antonioni beobachten, bei Jancsó
zu einer viel raumgreifenderen und expansiveren Bewegung durch eine

Landschaft werden kann. Es handelt sich hier um eine Episode aus dem Bürgerkrieg in der Sowjetunion um 1918/19 herum, wobei eine ungarische Schwadron, die sich freiwillig auf die Seite der Roten schlägt, im Mittelpunkt steht. Eine Einstellung* aus Jancsós Film macht deutlich, wieviel mehr Spielraum ihm dieses neue Zoom-Objektiv, bei dieser fließenden Kamera- und Figurenbewegung sowie bei der Kadrierung in einem extrem breiten Format erlaubt. Der Mann, dem wir durch den Film folgen, kriecht von unten rechts nach links entlang des Flussufers in die Kadrierung (Abb. #2). Er gerät aus dem Blickfeld der Kamera (#3) und kommt wieder herein (#4). Es scheint, als wolle Jancsó ein Spiel mit uns spielen, um zu zeigen, dass man Auftritte und Abgänge (*frame entrances and frame exits*) nicht vorhersagen kann. Wir finden das auch bei Antonioni, wenn die Ehefrau unerwartet von der linken Seite der Kadrierung ins Bild tritt, aber bei Jancsó ist das Überraschungsmoment noch ausgeprägter. Die Kamera driftet quasi durch den Film, wobei sie einerseits auf Schienen fährt, andererseits aber auch gleichzeitig zoomt (#6 auf #7).

*Anmerkung des Herausgebers: Bei dieser sehr langen Einstellung wird die Abbildungsbezeichnung abweichend mit Ziffern und nicht durch Buchstaben angegeben.

Abb. 1

Abb. 2

Abb. 3

Abb. 4

Abb. 5

Abb. 6

Abb. 7

Abb. 8

Abb. 9

Abb. 10

Abb. 11

Abb. 12

Abb. 13

Abb. 14

Abb. 15

Abb. 16

Abb. 17

Abb. 18

Abb. 19

Abb. 20

Abb. 21

Abb. 22

Abb. 23

Abb. 24

Unabhängig davon, wieviel bild-parallele Bewegung vor sich geht, neigen die Filmemacher außerdem zu der Tradition, für die Handlung mehrere Ebenen in der Bildtiefe zu aktivieren, es gibt also immer auch wichtige Handlungsmomente im Hintergrund, Mittelgrund und Vordergrund wie hier, wo unser Protagonist an einem Lazarettgebäude angelangt ist (insbes. #9–17), sich unter den Toten versteckt (#12) und wir daraufhin eine Sanitäterin rückwärts aus dem Holzhaus kommen sehen, die sich nun in Richtung Fluss bewegt.

Abb. 25

Abb. 26

Abb. 27

Infolge dieses Spiels mit den unvermuteten Auftritten und Abgängen erneuert Jancsó ständig den Bildraum (*visual space*). Zusätzlich wird ein *Zoom-in* verwendet, die Kamera bewegt sich leicht nach vorn, d.h. im Grunde findet eine optische Vergrößerung statt, wenn wir jetzt dieser Krankenschwester zum Flussufer folgen; die Kamera folgt also immer, zum Teil mit großer Brennweite, *irgendjemandem*, aber nicht unbedingt permanent der Hauptfigur, denn unser junger Mann hat sich ja inzwischen unter die Verwundeten gelegt. Mit einer sehr leichten Rechtsbewegung wird die Krankenschwester im Vordergrund wieder eingefangen (#21) und ihre Reaktion auf die Erschießung am Flussufer durch die Weißen

Abb. 28

Abb. 29

Abb. 30

Abb. 31

Abb. 32

163

Abb. 33

Abb. 34

Abb. 35

Abb. 36

Abb. 37

Abb. 38

Abb. 39

Abb. 40

mit ihrer Wendung zur Kamera hin akzentuiert (#22) – hier zusätzlich betont durch eine plötzliche Schärfenebenenverlagerung (*rack focus*) (#23). Man erkennt, dass die Szenenhandlung auf gewisse Knotenpunkte, gewisse räumliche Orte konzentriert ist, zwischen denen die Kamera hin- und her pendelt: den Rand des Lazarett-Gebäudes zur Linken, das Flussufer zur Rechten – das scheinen die Hauptbereiche zu sein, um die die Handlung organisiert ist, und zwar gänzlich in derselben Einstellung, ganz ohne Schnitte.

Wieder gleiten wir an dieser Seite der Hütte vorbei (#25–31). Wir haben bereits bei Mizoguchi diesen Einfall gesehen, die Figuren sich plötzlich drehen zu lassen, damit der Zuschauer im dramatisch richtigen Moment andere Aspekte von ihnen sieht. Bei Jancsó kommt die Frau jetzt mit einer Drehung ins Bild, um den Mann anzusehen, wobei sie uns ebenfalls ihr Gesicht zeigt, damit wir *ihren* Ausdruck erkennen (#33). Das wiederholt sich bei der anderen Frau, wodurch auch sie *en face* zu sehen ist (#36/37). All das sind Möglichkeiten, die ein Regisseur einsetzen kann, um uns, ohne zu schneiden, ein Gefühl der Allgegenwärtigkeit zu geben, eine Art räumlicher Präsenz. Wir können uns durch diesen Raum ohne Schnitte bewegen, sofern die *Per-*

sonen sich bewegen und uns verschiedene Aspekte von sich zeigen. Die Handlung endet schließlich dort, wo sie begann, am Fluss (vgl. #1–5), an dem jetzt die Leichen derer identifiziert werden, die die Weißen exekutiert haben (#39/40).

Es zeigt sich hier also so etwas wie eine Tradition, die von den Anfängen des Kinos, von Lumière bis zu den Sechzigerjahren reicht, zu den Filmemachern, die versuchen, die Möglichkeiten einer einzigen Kameraposition bzw. Einstellung – mit bewegter Kamera oder nicht – auszuschöpfen, sodass innerhalb der Einstellung die Figuren so angeordnet werden können, dass sie die Dramatik der Handlung für uns optimal herüberbringen. Dazu nun müssen zwei Dinge angemerkt werden: Erstens hat über die gesamte Geschichte des Kinos hinweg von dieser Option nur eine Minderheit Gebrauch gemacht. Zweitens – darauf werde ich später zurückkommen – ist diese Tradition heute praktisch verlorengegangen. Die Filmemacher der letzten dreißig Jahre etwa folgen ihr kaum noch. Ich werde später etwas über die Gründe dafür zu sagen versuchen.

Kommen wir auf den ersten Punkt zurück: Die meisten Filmemacher bevorzugen einen Montage-orientierten Ansatz. Sie arbeiten immer noch mit zahlreichen Einstellungen, das zeigt sich besonders in den Hollywood-Filmen der Sechziger, Siebziger und der Jahre danach. Hitchcock könnte man, denke ich, als den Prototypen bezeichnen. In ROPE flirtete er zwar ein wenig mit der Idee der langen Einstellung, tatsächlich jedoch zeichnen sich die meisten seiner Filme durch sehr schnelle Schnitte aus. Die Einstellungen haben im Durchschnitt eine Dauer von nicht mehr als 6 bis 8 Sekunden. Der Grund dafür ist zum Teil darin zu suchen, dass Hitchcock so viel mit dem Blickpunkt diverser Personen (*point of view*) arbeitet. Ein Film wie REAR WINDOW ist ganz und gar um das Wechselspiel zwischen der Einstellung auf eine Figur, die beobachtet, und der Einstellung auf das, was die Figur sieht, aufgebaut. So geht es eigentlich ständig hin und her. Das erfordert eine große Anzahl von Schnitten, wie uns REAR WINDOW von 1953/54 beweist.

Aber nicht nur wegen des wechselnden Blicks (*optical point of view*) neigt Hitchcock dazu, seine Handlung durch Montage zusammenzufügen. Ihm geht es auch darum, den kleinsten Nuancen der Handlung mittels sehr unterschiedlicher Kamerapositionen quer durch eine Szene nachzuspüren. Hier eine Szene aus NORTH BY NORTHWEST (1958, Kinostart 1959). Die Situation ist folgende: Roger O. Thornhill, gespielt von Cary Grant, ist von Eve Kendall, gespielt von Eva Marie Saint, verraten worden. Sie ist eine amerikanische Spionin – aber das weiß er noch nicht –, die sich als Geliebte Vandamms, gespielt von James Mason, eingenistet hat, um verdeckt zu ermitteln. Und Vandamm kann nicht glauben, dass sie eine Spionin ist. Roger andererseits fühlt sich von ihr verraten. Er stellt sie also zur Rede, während sie sich in Gesellschaft Vandamms und seines Sekretärs Leonard auf einer Auktion befindet. Hitchcock zeigt uns das Gespräch, einen einfachen Dialog, den er in einer Einstellung – in einer Einstellung, ähnlich wie wir es bei Antonioni gesehen haben – hätte aufnehmen können. Aber das tut er nicht. Er bringt uns stattdessen eine Unmenge von Einstellungen, jede ein wenig anders arrangiert (*composed*), weil er ganz bestimmte Elemente der Handlung hervorheben möchte.

Zunächst also eine Einstellung, die uns James Masons bzw. Vandamms Reaktion zeigt (Abb. 1), nachdem Cary Grant bzw. Thornhill ihn durch sein Erscheinen auf der Auktion überrascht hat. Schnitt auf eine Einstellung, die Cary Grants Reaktion hervorkehrt (Abb. 2). Zum Kernpunkt der Szene gehört die Tatsache, dass Eva Marie Saint bzw. Eve Kendall – nach ihrer anfänglichen Überraschung und Verunsicherung – überhaupt keine Regung mehr zeigt. Weder blickt sie nach rechts noch links, sondern steht erst später in einem Moment höchster Dramatik auf. Jetzt blickt sie nur starr geradeaus und versucht, alles zu ignorieren. Die Männer geraten sich also wegen ihr in die Haare, und sie bleibt so unbewegt wie ein Standbild. Cary Grant beginnt zu berichten, wie sie ihn unter Einsatz ihres Körpers benutzt hat, und das macht James Mason natürlich argwöhnisch. Seine Hand liegt auf ihrer Schulter, als wäre sie sein Eigentum oder eine der Figurinen, die er ersteigern möchte, und dann folgt diese Einstellung, die seine Reaktion mit aller Schärfe zum Ausdruck bringt (Abb. 3). Man sieht bloß ihre Stirn, die Reaktion, die sich in ihren Gesichtszügen ausdrückt, wird uns vorenthalten. Nicht mittels Kamera- oder Figurenbewegung – der springende Punkt der Szene ist ja, dass sie sich überhaupt nicht bewegt –, sondern mittels Montage. Durch die Einstellung auf ihn wird sie ausgeschaltet. Dann jedoch wird uns ihre Reaktion in einer separaten Einstellung gezeigt (Abb. 4a). Und das Folgende ist sehr typisch für Hitchcock: Das Handlungsmoment, auf das es ankommt, wird nicht nur durch ihre Mimik betont, sondern durch James Masons Körpersprache – er zieht seine Hand von ihrer Schulter, als sein Misstrauen erwacht (Abb. 4b). Hitchcock gibt uns eine Einstellung auf Mason, wenn er seine Hand hebt, und danach eine halbnahe mit Leonard, der ihn beobachtet (Abb. 5), denn sie ist für ihn eine Rivalin um Vandamms Gunst, und er ist deshalb eifersüchtig auf sie. Aus diesem Grunde sehen wir also Leonards Reaktion zusätzlich zu der Vandamms. Vorher ist Leonard entbehrlich. Die entscheidende Informationsabfolge hier ist zunächst die Reaktion Vandamms, dann ihre mit der noch besitzergreifenden Hand. Schließlich entfernt sich diese Hand, und jetzt wird uns die Reaktion beider Männer gezeigt.

Diese Art der Modulation, uns pro Einstellung jeweils eine Teilinformation zu liefern, ist in den Fünfziger- und Sechzigerjahren sehr typisch für Hitchcock – man denke an PSYCHO, wo Ähnliches zu beobachten

Abb. 1

Abb. 2

Abb. 3

Abb. 4a

Abb. 4b

Abb. 5

Abb. 6

Abb. 7

Abb. 8

Abb. 9

Abb. 10

Abb. 11

Abb. 12

Abb. 13

ist. Einstellung auf sie, die erhobene Hand im Hintergrund (Abb. 6), Einstellung auf ihn, wie er hinunterblickt – während Cary Grant redet (Abb. 7). Das ist etwas, worauf Hitchcock sich versteht: Cary Grant befindet sich außerhalb der Kadrierung, während er spricht, wir brauchen ihn dabei nicht zu sehen. Wir können die Anschuldigungen und Angriffe hören. Das Wichtige ist *ihre* Reaktion, Masons Reaktion, und wie diese Anschuldigungen aufgenommen werden. Cary Grant setzt seine Angriffe auf sie fort (Abb. 8); wird nun Bewegung in sie kommen oder nicht? (Abb. 9) James Mason macht ein beunruhigtes Gesicht (Abb. 10); zurück zu dem Streit der beiden Männer (Abb. 11), dann Leonards Reaktion, der die Situation beobachtet (Abb. 12), und endlich, nachdem Leonard schon gegangen ist, springt sie auf und versucht, Cary Grant ins Gesicht zu schlagen (Abb. 13). Hitchcock hebt sich diese zusammenfassende Einstellung (*re-integrating shot*), diesen *master shot*, für den Höhepunkt der Szene auf. Hinter der Szenenauflösung steht also eine gewisse Logik. Das Untergliedern der Szene in nähere Einstellungen, wie wir das seit den Anfängen des Kinos bei Griffith und anderen gesehen haben, wird hier zu einem Mittel, jeden Moment des Dramas mit erwartungsvoller Spannung zu füllen, die Reaktion der einzelnen Figuren hervorzuheben, und dies mittels der blitzartigen Wechsel zu tun, die der Schnitt ermöglicht.

Hitchcock ist so gesehen typisch – er ist eine Art Pionier – für die Rückkehr zum schnellen Schnitt, die wir in den Fünfziger- und besonders den frühen Sechzigerjahren feststellen. Anfang der Sechzigerjahre ist es keine Seltenheit mehr, anspruchsvolle Filme, teure Filme mit schnellen Schnitten zu sehen. Beispiele wären die James-Bond-Streifen der frühen Sechziger, aber auch ein Beatles-Film wie A HARD DAY'S NIGHT von Richard Lester aus dem Jahr 1964 (Abb. 1). Und in den folgenden etwa 25 Jahren, von den Sechzigern bis zu den Achtzigern, findet man, so erstaunlich das ist, kaum amerikanische Filme, in denen mit langen Einstellungen des Typs gearbeitet wird, die wir in Premingers RIVER OF NO RETURN sahen. Immer mehr Regisseure verzichten auf diese komplizierten ruhigen (*stationary*) Einstellungen mit Kamera- und Figurenbewegung und arbeiten lieber mit schnellen

Abb. 1

Schnitten. Zwischen den Sechzigern und den Achtzigern liegt die durchschnittliche Einstellungsdauer in einem amerikanischen Film zwischen 6 und 8 Sekunden. Einen Durchschnittswert von 8 bis 10 Sekunden oder darüber findet man kaum.

Es gibt viele Gründe für diese Entwicklung, die man sich natürlich zu erklären versucht. Das Fernsehen wäre ein Grund; im Fernsehen sind schnelle Schnitte üblich, nicht nur im Unterhaltungsbereich (*episodic dramas*), sondern vor allem in der Werbung. Der Fernsehzuschauer gewöhnt sich an einen schnellen Informationsfluss, kürzere Einstellungen wie in den Werbespots und erwartet das Gleiche im Kino. Wenn er das in einem Kinofilm nicht findet, erscheint dieser ihm schwerfällig. So lautet ein Argument.

Ein zweites Argument geht in die gleiche Richtung: Man meint, dass die Leute in den Achtzigerjahren und von 1981 an, nachdem MTV in den USA zu senden begann, sich immer mehr an die schnellen Schnitte der Musikvideoclips gewöhnten und von daher vom Kinofilm gleiches Tempo zu erwarten begannen. Das ist wahrscheinlich im Fall von LOLA RENNT relevant.

Meiner Meinung nach spielt noch ein anderer Faktor eine Rolle, und das ist das Aufkommen des Actionfilms. Seit den James-Bond-Filmen und anderen dieses Genres in den Sechzigerjahren wird das amerikanische Kino vom Action- und Abenteuer-Film beherrscht, bis heute. Selbst Science-Fiction- und Horrorfilme enthalten dieses Actionelement, das gekennzeichnet ist von viel körperlichem Agieren, wie Verfolgungsjagden, Faustkämpfen und dergleichen, lauter Abläufen, die sich anbieten, in schnellen Schnitten wiedergegeben zu werden.

Aber wie dem auch sei, mit dem Eintritt der Neunzigerjahre ist es beinahe unmöglich, einen in den USA gedrehten Film, einen Hollywood-Streifen, zu finden, dessen durchschnittliche Einstellungsdauer über 9 Sekunden hinausgeht. Bei Drama und Komödie scheint sich die durchschnittliche Einstellungsdauer heute um die 6 oder 7 Sekunden zu bewegen. In dem 1998 gestarteten Film THERE'S SOMETHING ABOUT MARY (VERRÜCKT NACH MARY) von Bobby und Peter Farelly z.B. beträgt sie etwa 6,8 Sekunden. Auffallend ist, dass in Filmen bestimmter Genres noch viel schneller geschnitten wird. Im Actionfilm, Jan de Bonts SPEED (1994), THE FUGITIVE (1993) in der Regie von Andrew Davis und ähnlichen Streifen, ist eine Einstellungsdauer von 2 bis 4 Sekunden keine Seltenheit. Und im letzten Jahr erst hat sich das Tempo, glaube ich, noch weiter gesteigert. In Filmen wie BLADE, ARMAGGEDON,

RUSH HOUR – alle von 1998 – dauert eine Einstellung im Durchschnitt zwischen 2 und 3 Sekunden.

In Alex Proyas' Film THE CROW von 1994, seinem ersten, sind die Einstellungen 2,7 Sekunden lang. DARK CITY von 1998, sein letzter Film, ist, soweit ich feststellen konnte, mit einer durchschnittlichen Einstellungsdauer von 1,8 Sekunden der Hollywood-Film mit den schnellsten Schnitten. Viel weiter kann man, denke ich, nicht gehen. Weder die amerikanischen Stummfilme, noch die russischen Montagefilme von Eisenstein, Pudovkin oder Dovzhenko waren so schnell geschnitten wie DARK CITY. Natürlich ist man geneigt zu sagen, das kommt daher, dass es eine Menge Action gibt, und das ist sicher nicht ganz unzutreffend. Ich möchte einen Ausschnitt aus THE ROCK als Beispiel zeigen, einem Film von 1996 aus der Werkstatt des ›bösen Buben‹ des schnellen Schnitts, Michael Bay, der auch ARMAGEDDON gemacht hat. Hier bekommt man einen Eindruck davon, wie diese schnellen Schnitte in einer Actionszene funktionieren. Natürlich hängt das teilweise vom Einsatz mehrerer Kameras ab. Dasselbe Actionelement wird aus verschiedenen Blickwinkeln gefilmt, und Michael Bay, dem AVID und andere Montagegeräte (*editing equipment*) zur Verfügung stehen, sagt sich gewissermaßen, ›Nehmen wir doch ein bisschen was von jedem Winkel!‹ Das scheint mir ein Grund zu sein, weshalb die Schnittfolgen immer schneller werden. Dahinter steht aber auch die Überzeugung, dass die Zuschauer das Interesse verlieren, wenn nicht sehr, sehr schnell geschnitten wird. Es ist meiner Meinung nach stilistisch nicht besonders gut ausgeführt, aber es kann durchaus aufregend sein. In dem Ausschnitt aus THE ROCK finden wir in dieser Szene beim Zusammenstoß mit dem Taxi mindestens vier verschiedene Kamerapositionen (Abb. 1–7). Viele Kamerapositionen, aus drei oder vier verschiedenen Winkeln, dienen dazu, bestimmte Action-

Abb. 1 = Position 1

Abb. 2 = Position 2

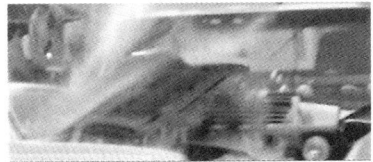

Abb. 3 = Position 1

Abb. 4 = Position 2

Abb. 5 = Position 3

Abb. 6 = Position 4

Abb. 7 = Position 2

Abb. 8

Abb. 9

elemente zu akzentuieren. Ich denke, die durchschnittliche Einstellungsdauer beträgt in diesem Abschnitt etwas weniger als eine Sekunde, und man kann leicht erkennen, dass hier so etwas wie eine Intensivierung des Schnitts erfolgt, um die Aufmerksamkeit des Zuschauers zu fesseln. So wird z.B. dieselbe Information wiederholt, als der Ferrari gegen die Parkuhren prallt, indem dies in zwei Einstellungen gezeigt wird (Abb. 8 und 9), obwohl offensichtlich ist, was da passiert, aber mit dieser Schnitt-Technik wird versucht, das Bild, das der Zuschauer aufnimmt, zu dynamisieren, wozu auch exzessive Kamerabewegungen beitragen, wie hier bei Nicolas Cage in Untersicht (Abb. 10a–c), hinter dessen Kopf die Häuserfronten vorbeiziehen.

Es gibt noch anderes Bemerkenswertes an dieser Sequenz, wie das Hin- und Herschwanken der Kamera und das Aufspreizen der Handlung auf verschiedenen Ebenen, aber ich möchte noch einen Ausschnitt aus DARK CITY von 1998 anfügen, wo solche wilde *action* nicht stattfindet. Verfolgungsjagden und dergleichen gibt es im Kino natürlich immer schon. Aber das, was Alex Proyas in DARK CITY zeigt, ist eine sehr akzentuierte Montage, in Wirklichkeit jedoch eine Art intensivierter klassischer *continuity*. Hier wird der Versuch gemacht, eine Szene zu dynamisieren, die eigentlich sehr einfach und direkt ist. Dieses 85-Sekunden-Segment umfasst 48 Einstellungen. Es ist eigentlich eine ruhige Szene, aber dank der Normen des zeitgenössischen Hollywood-Kinos und Proyas' persönlichen Neigungen wird sie uns in sehr abrupten Schnitten dargeboten, sodass für jede Zeile Dialog manchmal zwei oder drei Einstellungen verwendet werden. Selbst also in Szenen, die, was die Handlung angeht, eigentlich beschaulicher sind, ist der Schnitt in vielen Fällen sehr dynamisch.

Abb. 10a

Abb. 10b

Abb. 10c

Im Unterschied zu den russischen Montage-Regisseuren der Zwanzigerjahre gilt hier jedoch die klassische *continuity*-Montage mit Schuss/Gegenschuss, einem *establishing shot*, der in analytische Details aufgelöst wird, sodass lediglich durch stetige Reduzierung der Einstellungsdauer eine Intensivierung entsteht. Das hat interessante Folgen für den Bildaufbau: So muss bei derart schnellen Schnitten die Komposition einer Einstellung relativ einfach und leicht lesbar sein. Einer der großen Kameramänner Hollywoods, Vilmos Zsigmond, sagt: »Wenn eine Einstellung nur drei Sekunden auf der Leinwand erscheint, müssen Komposition und Beleuchtung sehr gut sein, um dem Auge des Zuschauers zu ermöglichen, das zu sehen, was man es sehen lassen möchte. Es bleibt keine Zeit zu entscheiden, was wichtig ist, darum muss man den Blick des Zuschauers steuern.« Um das Ziel zu erreichen, gibt es eine Reihe von Möglichkeiten. In THE ROCK wird beispielsweise ein grellgelber Ferrari verwendet (Abb. 11), sodass wir während der hektischen Verfolgungsjagd immer sofort den Wagen erkennen können, den Nicolas Cage fährt. Oder eine

Abb. 11

Abb. 1

andere Szene aus THE LAST BOY SCOUT von Tony Scott aus dem Jahr 1991. Im Gewirr dieses Balkengerüsts im Dachstuhl (Abb. 1), dieses abstrakten Designs, könnte man leicht die Personen aus den Augen verlieren. Damit das nicht geschieht, beleuchtet man so, dass der Hintergrund blass bleibt und die Figuren im Vordergrund sich silhouettenhaft abheben. Nun kann man sie gar nicht mehr übersehen. Auch dieser Film hat sehr abrupte und schnelle Schnitte.

Eine andere Art, wirkungsvoll zu arbeiten, ist der Gebrauch von näheren Einstellungen wie für das Fernsehen. In diesem Film, MARRIED TO THE MOB (1988; DIE MAFIOSIBRAUT), setzt Jonathan Demme eine Menge einfacher Großaufnahmen ein, weil er weiß, dass der Film irgendwann im Fernsehen gezeigt werden wird (Abb. 2 und 3). Man kann also ziemlich schnell schneiden, weil man eigentlich nur die Gesichter zeigen muss, die Augen, den Mund, die dramatischen Schlüsselbereiche sozusagen. Aus dieser Hinwendung zu einer mehr Montage-orientierten Ästhetik folgt, dass das Inszenieren – insbesondere das Inszenieren in der Tiefe und mit langer Einstellung – als Fertigkeit verloren geht. Es ist sehr schwierig, zeitgenössische amerikanische Regisseure zu finden, die imstande sind, eine Szene ohne Schnitt durchzuhalten wie Mizoguchi uns das in SANSHO DAYU zeigte oder Hawks in HIS GIRL FRIDAY. Die heutigen Filmschulen scheinen den Leuten vor allem beibringen zu wollen, wie man eine Einstellung sehr schnell aufbaut und darauf achtet, dass sie mit Dutzenden anderer Einstellungen zu einer Szene zusammengeschnitten werden kann.

In der Zeit von den Fünfziger- bis zu den Neunzigerjahren zeigt sich in Europa eine ähnliche Tendenz wie im Hollywood dieser Periode. Man

Abb. 2

Abb. 3

174

kehrt in dieser Zeit auch in Europa zu einem Aufbau des Films zurück, der auf Montage basiert. Aber statt einer Intensivierung der klassischen *continuity* (Schuss/Gegenschuss, analytische Montage, alternierende Montage) finden wir hier meiner Meinung nach einen stärkeren Einfluss der sowjetischen Montage-Regisseure der Zwanzigerjahre vor. Sie scheinen zumindest den frühen Filmemachern dieses besonderen Trends als Leitbilder gedient zu haben. Dazu ein kurzes Beispiel: Ein Filmemacher, der häufig als eine Art interessanter Parallelerscheinung zu Hitchcock betrachtet wird, ist Bresson. In der Tat wird Bresson im Lauf seiner Karriere zu einem Regisseur mit einer starken Vorliebe für die Montage und verlässt sich in hohem Maß auf nahe Einstellungen; im Gegensatz zu Hitchcock jedoch scheint er weit mehr auf Montagekonzepte zurückzugreifen, die er von Regisseuren wie Pudovkin übernimmt, insbesondere aus der Tradition der so genannten konstruktiven Montage. Ich habe in der ersten Vorlesung über dieses Konzept gesprochen, im Unterschied zu Hollywoods *continuity*-Kino einen Gesamtüberblick in Form eines *establishing shot*, der dann in eine Folge näherer Einstellungen aufgelöst wird, zu verweigern, um stattdessen einzig die näheren Einstellungen zu liefern und den Zuschauer selbst die räumlichen Beziehungen zwischen den gezeigten Details herstellen zu lassen. In dieser Technik bringt Bresson es im Tonfilm, in Filmen wie PICKPOCKET (F 1959), zu echter Meisterschaft. Hier ein Beispiel: Michel, der Taschendieb, sieht von der anderen Straßenseite einen Mann über den Fußgängerübergang entgegenkommen (Abb. 1). Wir übernehmen Michels Blickwinkel und sehen daraufhin Michel, wie er schaut (Abb. 2). Wir sehen die beiden Männer nicht in derselben Kadrierung, sondern einerseits den Passanten und andererseits Michel. Bis hierher lässt sich vielleicht eine Ähnlichkeit mit Hitchcocks Arbeitsweise in REAR WINDOW feststellen. Dann aber sehen wir in einer Großaufnahme, wie Mi-

Abb. 1

Abb. 2

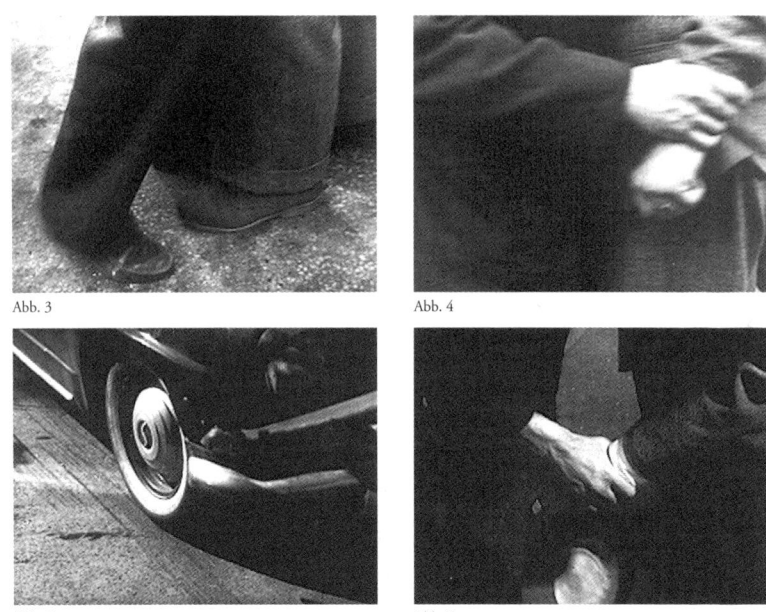

Abb. 3

Abb. 4

Abb. 5

Abb. 6

chels Füße mit denen des Mannes zusammenstoßen (Abb. 3) – die Männer befinden sich jetzt beide in der Mitte des Fußgängerübergangs. Sobald die Kamera uns das gezeigt hat, geht sie schnell zu Michel, der den anderen Mann beim Handgelenk packt (Abb. 4). Gleichzeitig hören wir das Geräusch eines Autos, kreischende Bremsen, und darauf zeigt Bresson uns eine Detailaufnahme des Wagens (Abb. 5). Es gibt keinen *master shot*, dem zu entnehmen wäre, wo in Beziehung zu den beiden Männern der Wagen sich befindet. Wir hören nur das Kreischen der Bremsen und bekommen flüchtig die Räder des Autos zu sehen, danach Michels Hand an der Armbanduhr des anderen (Abb. 6). Das ist der Moment, in dem er die Uhr stiehlt. Die ganze Sequenz wird uns also in diesen kleinen Details gezeigt, die wir selbst zu einer sinnvollen Szene zusammensetzen müssen.

Diese Art konstruktiver Montage wird um diese Zeit auch bei anderen europäischen Regisseuren geläufiger. In einem Film wie Alain Resnais' MURIEL von 1963 findet man eine Rückkehr zur Dynamik und zur Montagetechnik sowjetischen Stils. Der Beginn des Films erinnert an Hitchcock, hat aber diesen mit elliptischer Radikalität auf die Spitze getrieben. So läuft beispielsweise auf der Tonspur ein völlig banales Gespräch ab: Eine Frau hat die Heldin in ihrem Haus aufgesucht, um Antiquitäten zu kaufen. Zu sehen bekommen wir jedoch diese Großaufnahme einer Hand an der Türklinke (Abb. 1), die Großaufnahme eines Teekessels (Abb. 2) – das wohlgemerkt zu Beginn des Films –, eine Hand an einer Handtasche (Abb. 3), eine zweite Hand (Abb. 4a), über die wir

eine erste Bekanntschaft mit der Protagonistin machen, indem wir ihrer Hand aufwärts folgen, wenn die Frau an ihrer Zigarette zieht (Abb. 4b), worauf die Kamera wieder abwärts gleitet (Abb. 4c). Danach sehen wir wieder dieselbe Hand an der Türklinke (Abb. 5),

Abb. 1

Abb. 2

Abb. 3

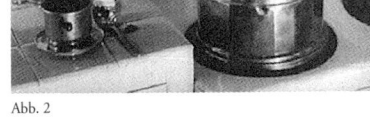

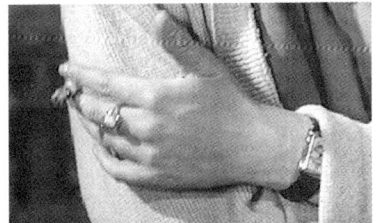

Abb. 4a

Abb. 4b

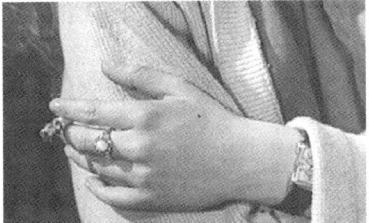

Abb. 4c

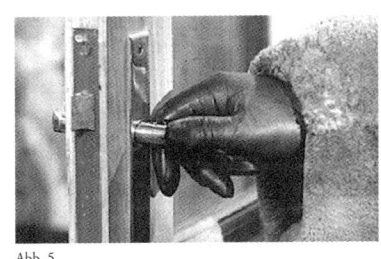

Abb. 5

Abb. 6

Abb. 7

Abb. 8

und schließlich folgt ein *Over-shoulder-shot* (Abb. 6) als Auftakt für so etwas wie eine konventionelle Schuss/Gegenschuss-Einstellung. Das Gesicht der Frau, deren Hand auf der Türklinke lag, sehen wir jetzt erstmals im Gegenschuss (Abb. 7) und daraufhin in einer sehr ungewöhnlichen Seitenansicht (Abb. 8); es folgen noch weitere Einstellungen auf sie, auf ihren Mantelkragen, auf ihre Hutkrone etc. Alle diese Einstellungen aus dem Farbfilm haben ungefähr eine Sekunde Dauer. Wenn man MURIEL sieht, bemerkt man, dass die sehr schnelle Schnittfolge ausgesprochen verwirrend ist. Sie trägt nichts zur Erklärung (*establishing*) der Situation bei. Wir haben keine Ahnung, wer diese Personen sind. Ja, es stellt sich heraus, dass diese Frau, der mehrere Großaufnahmen gewidmet werden, eine sehr untergeordnete Rolle im Film spielt.

Neben dieser zunehmenden Tendenz, mit Montage zu arbeiten, zeigt sich noch eine andere, auf die ich hinweisen muss: Während nämlich die europäischen Filmemacher diese Mittel der *dis*continuity-Montage immer gründlicher zu erforschen beginnen, gibt es auch einige, die sich einen Stil zu eigen machen, den man vielleicht als Baukasten- oder *bricolage*-Ästhetik bezeichnen könnte. Das heißt, sie sind sich der Geschichte des Kinos bewusst, sie sind sich der handwerklichen sowie der formalen Möglichkeiten ihres Metiers bewusst und reihen alle diese Möglichkeiten, die ihnen gegeben sind, in einem einzigen Film wie in einer Anthologie aneinander. Da gibt es dann eine Sequenz, die nach bester Montage-Tradition in zahlreiche Einstellungen untergliedert ist; daneben eine mit sehr langen Einstellungen und Kamerabewegungen; und dann wieder eine nach irgendeinem anderen Muster. Mit anderen

Worten: Es wird eine Art Stilpluralismus oder Eklektizismus von Film zu Film gepflegt – Sequenzen in langen Einstellungen mit raffinierten Kamerabewegungen, andere mit zerstückelnden Schnitten (*disjunktive editing*). Es gibt viele Filmemacher, die so arbeiten; Kluge wäre ein Beispiel, Jerzy Skolimowski ein weiteres, ebenso Ruy Guerra. Aber der Prototyp von seinem ersten Film an ist Jean-Luc Godard.

Schaut man sich beispielsweise A BOUT DE SOUFFLE von 1960 an, finden sich darin Godards berühmte *jump cuts*, das heißt, hier werden einfach Handlungsabschnitte ausgelassen, indem einige Kadrierungen aus der Einstellung herausgeschnitten wurden. Das sieht man hier z.B., wenn Patricia (Abb. 1: Ende der Einstellung) Michel entgegenläuft. Wir schwenken mit, wenn sie losläuft (Abb. 2a: erstes Bild – Abb. 2b: letztes Bild dieser Einstellung), und überspringen flugs den Zwischenraum, denn da umarmt er sie schon (Abb. 3). Neben diesen abrupten Schnitten, diesen *jump cuts*, setzt Godard aber auch sehr lange Einstellungen ein. Und ganz im Sinn dieser Baukasten- oder *bricolage*-Ästhetik bringt er Sequenzen, die in ihrer Art sehr seltsam und unbestimmt und nicht recht einzuordnen sind. Es sind kleine Montage-Übungen, die vielleicht an Eisensteins ›Gott-und-Vaterland‹-Sequenz aus OKTJABR gemahnen,

Abb. 1

Abb. 2a

Abb. 2b

Abb. 3

von der ich in der ersten Vorlesung sprach. Mit anderen Worten, die Filmhandlung bricht gewissermaßen ab, und er schiebt eine Art poetischer oder philosophischer Betrachtung ein, die in den Film eingebettet ist und keinen klaren Bezug zum Rest der Geschichte hat. Wir begreifen die Realitätsebene dessen, was wir da sehen, nicht ganz.

Sehen wir uns ein Beispiel aus einem anderen Godard-Film an, ALPHAVILLE von 1965. Natacha von Braun, die von Anna Karina gespielt wird, unterhält sich mit Lemmy Caution, gespielt von Eddie Constantine, der in Alphaville zu Besuch ist: Konventioneller Schnitt, Schuss/Gegenschuss (Abb. 1 und 2), stimmige (*matching*) Blickachsen – es könnte eine Hollywood-Sequenz sein. Es folgen dichtere, intensivere Ansichten mit jedem Schnitt (Abb. 3), nähere Einstellung auf ihn (Abb. 4), noch nähere Einstellungen auf sie und ihn (Abb. 5, 6 und 7). Und plötzlich setzt der Ton aus. Man sieht von oben zu Piep-Tönen auf ein fahrendes Polizeiauto (Abb. 8), das Paar zu Musikbegleitung wieder im Zimmer (Abb. 9) und dann, wieder mit Piep-Tönen unterlegt, die Polizisten aussteigen (Abb. 10). Es ist heller Tag. Aber da wird die Szenerie plötzlich in dieses pulsierende Licht getaucht (Abb. 11a und b), die atmosphärischen Töne sind versiegt, wir haben weder Tag noch Nacht. Wir befin-

Abb. 1

Abb. 2

Abb. 3

Abb. 4

180

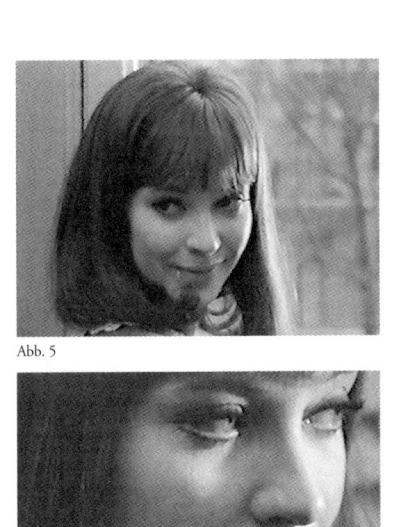

Abb. 5

Abb. 6

Abb. 7

Abb. 8

Abb. 9

Abb. 10

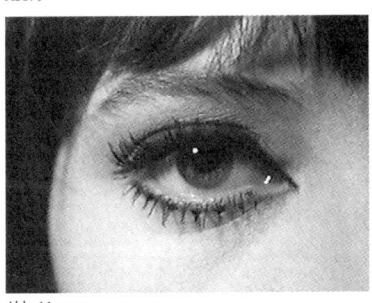

Abb. 11a

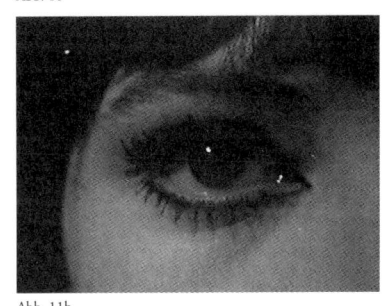

Abb. 11b

Abb. 12a

Abb. 12b

Abb. 13

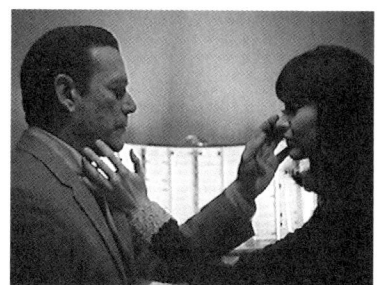

Abb. 14

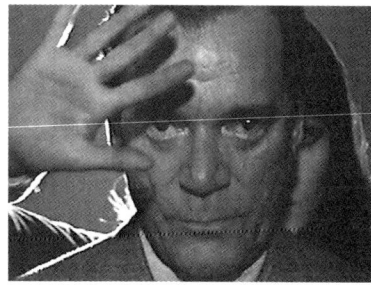

Abb. 15

Abb. 16

Abb. 17a

Abb. 17b

Abb. 18

Abb. 19

Abb. 20

Abb. 21

den uns nicht mehr im Hollywood-*continuity*-Kino. Das flackernde, pulsierende Licht wird durch Öffnen und Schließen der Irisblende variiert. Es scheint jetzt Nacht zu sein (Abb. 12a und b), zumindest in der Welt der Geschichte, die erzählt wird. Lange Einstellungen (Abb. 13, 14, 16, 18, 19) wechseln sich mit sehr kurzen Naheinstellungen ab (Abb. 15, 17a und b). Schließlich ist wieder Tag. Natacha ist zurück am Fenster, und es sind wieder die Piep-Töne zu hören (Abb. 20). Danach treten die Polizisten ins Zimmer, die lange zuvor aus dem Auto gestiegen sind (Abb. 21). Es entsteht somit der Eindruck eines poetischen Zwischenspiels, das in die Handlung eigentlich nicht einzuordnen ist. Es könnte eine Projektion von ihr gewesen sein, wenn das auch angesichts ihres Gemütszustands eher unwahrscheinlich ist. Plausibler ist ein poetischer Exkurs, der unter Zuhilfenahme einer Vielfalt stilistischer Mittel – Großaufnahme, *discontinuity*-Montage, sehr abrupte (*disjunctive*) Schnitte – in die Handlung eingeschoben wird.

Ich habe den Eindruck, dass diese so genannte Baukasten- oder *bricolage*-Ästhetik – lange Einstellungen, kurze Einstellungen, unterschiedliche Realitätsebenen des Bildes – bei vielen Filmemachern des ›neuen Kinos‹ gebräuchlich ist. Ich denke an den Neuen deutschen Film der späten

Abb. 1

Sechziger- und die frühen Siebzi-
gerjahre, oder auch das französi-
sche *Cinéma du Look*, Léos Carax'
MAUVAIS SANG (dt. Verleihtitel:
DIE NACHT IST JUNG) aus dem
Jahr 1986 (Abb. 1).

Wir können auch an LOLA RENNT
denken. Das ist natürlich in weiten Teilen ein Film mit *MTV-
Look*. Aber das ist nur die eine Seite. Mir scheint, man kann LOLA RENNT
in jener länger bestehenden Tradition des ›jungen‹ oder ›neuen Kinos‹
sehen, die einen stilistischen Eklektizismus oder Pluralismus pflegt und
diese *bricolage-* oder Anthologie-ähnliche Qualität hervorbringt. Es ist,
als würden in diesem Streifen sämtliche Filmtechniken ausprobiert,
ähnlich wie in den *Nouvelle-Vague*-Filmen Frankreichs aus den frühen
Sechzigerjahren: Im Prolog noch vor den Filmtiteln haben wir Zeitraf-
fung als wacklige oder nervöse Bewegung, die sich beschleunigt und bei
bestimmten Figuren wieder erstarrt (Abb. 2); natürlich haben wir auch
Zeitlupe; es sind Zeichentrick-Passagen eingebaut (Abb. 3); es gibt viele Kameratechniken, so zum Beispiel die sehr schnelle *slam camera*, oder
whamo-camera, wie die Coen-Brüder sie nennen, die sich extrem schnell
bewegt, im Allgemeinen durch Pixilation beschleunigt wird (Abb. 4),
dazu den Zoom; es gibt eine Vielfalt von Kamerapositionen und Auf-
nahmewinkeln (Abb. 5), die Kamera hat großen Spielraum und kann
überall sein, eine Szene von jeder beliebigen Position aus aufnehmen; es
gibt das Wechselspiel zwischen Schwarz-Weiß und Farbe, die sehr
schnellen Wischblenden (Abb. 6a und b), die hier durch kräftige Bässe
auf der Tonspur akzentuiert werden, sodass ein dumpf zischendes
Geräusch durch das Kino dröhnt. Die Zeichentricksequenzen sind *in*
die Szene integriert, nicht von ihr abgetrennt (Abb. 7); und schließlich

Abb. 2

Abb. 3

184

finden wir auch diese gewissermaßen epische Technik der Handlungs-
erweiterung als Vorausschau (*flash-forwards*). Hier ein erstes Beispiel: die
Frau mit dem Baby auf der Straße (Abb. 8), ein Sujet à la *Nouvelle Vague*, darauf ein Zwischentitel mit »und dann« (Abb. 9) und es folgen
Standbilder, Fotos einer Zukunft (Abb. 10), die möglicherweise auf sie

Abb. 4

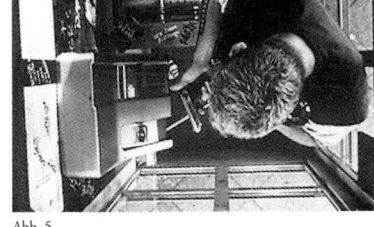

Abb. 5

Abb. 6a

Abb. 6b

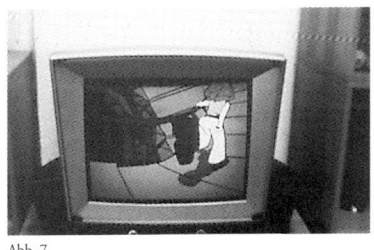

Abb. 7

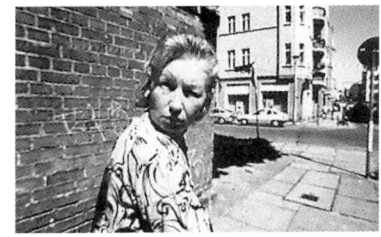

Abb. 8

Abb. 9

Abb. 10

185

wartet. Selbst die Integration von digitalem Video fehlt nicht, das auf
35-mm-Film übertragen wird, um sich damit einen anderen Tonwert-
umfang, eine andere Art der Bilddefinition zu schaffen (Abb. 11). Wie
man feststellen kann, ist das digitale Video immer mit Szenen verbunden, die in Lolas Abwesenheit, zum Beispiel zwischen ihrem Vater und
seiner Geliebten, spielen. Man kann die Zeilen erkennen, die bei digi-
taler Übertragung von Video auf Film entstehen. Auch den direkten
Blick in die Kamera, den wir schon von Godard her kennen, ein gewissermaßen planimetrisches Bild, findet man in diesem Film Tom Tykwers
recht häufig (Abb. 12a).

Hinzu kommt so etwas wie ein Spiel mit der *continuity*; meiner Ansicht
nach ist der Film eine Art erweitertes Hollywood-*continuity*-Kino, aber
es darf nun damit gespaßt werden. Ein Beispiel: Wenn Lola, deren Blick
direkt auf uns gerichtet war, hinausläuft (Abb. 12b), wird sie vom ima-
ginären Bild ihres Vaters, von dem wir zunächst glaubten, er gehöre nur
in ihre Phantasie, dabei beobachtet (Abb. 13). Es scheint jetzt, als habe
er sich im selben Zimmer befunden und sie von Angesicht zu Angesicht
sehen können. Denn als sie hinausläuft, reagiert er darauf und schüttelt
den Kopf, als wollte er sagen: »Nein, von mir hast du kein Geld zu erwarten!«

Mit ähnlich pluralistischen oder eklektischen Mitteln ist die Szene gedreht, in der Lola aus dem Haus läuft. An dieser Stelle erfahren wir zum

Abb. 11

Abb. 12a

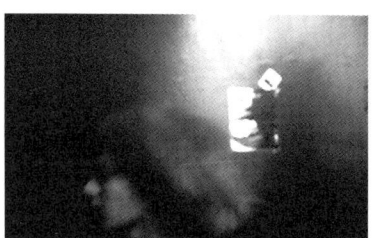

Abb. 12b

Abb. 13

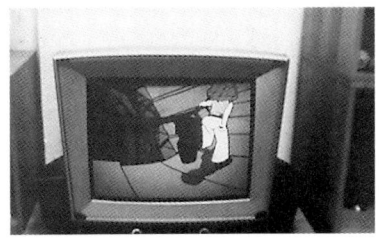

ersten Mal die Vorgeschichte. Sie rennt aus der Wohnung (Abb. 14a), aber die Kamera schwenkt weiter bis zu ihrer Mutter (Abb. 14b), und es folgt eine virtuose Bewegung mit der Handkamera um die Mutter herum (Abb. 14c) – eine Art *Steadycam*-Einstellung, denke ich –, weiter über ihre Schulter und auf den Fernsehapparat zu, wo Lolas Lauf im Treppenhaus als Zeichentrickfilm zu sehen ist (Abb. 14d). Neben ungeheuerlich schnellen Schnitten, zum Beispiel während der Einzelbildmontage, als Lola im Geist alle Freunde durchgeht, die ihr vielleicht Geld leihen könnten, haben wir hier diese lange Fahraufnahme, die die Handlung umkreist und im Fernsehapparat endet.

Alles in allem wird in diesem Film sehr schnell geschnitten. Die durchschnittliche Einstellungsdauer in LOLA RENNT beträgt 2,7 Sekunden, der Film passt in dieser Hinsicht genau in die amerikanische Action-Schublade. Aber in LOLA RENNT gibt es eine interessante und signifikante Variation: Die erste Version der dreiteiligen Story ist mit einer durchschnittlichen Einstellungsdauer von 2,2 Sekunden sehr schnell geschnitten. Bei der zweiten Version ist die Einstellungsdauer etwa die gleiche, 2,6 Sekunden im Durchschnitt. Aber im dritten Segment der Story haben die Einstellungen im Durchschnitt eine Länge von mehr als 4 Sekunden. Das Schnitt-Tempo verlangsamt sich also, besonders in diesem letzten Abschnitt, als wäre der erste Teil des Films sehr schnell geschnitten, um erst einmal unser Interesse zu wecken und darzulegen, worum es in der Story im Wesentlichen geht. Dann fesseln allmählich die Plot-Variationen unser Interesse stärker, und es ist, als hätte Tykwer sich gesagt, dass er auf diese Schnellfeuerschnitte im letzten Teil verzichten, das Ganze langsamer angehen könne, weil wir jetzt bereit sind, auf die Dinge in den Einstellungen zu achten, auf die wir achten sollen.

Abb. 1a

Abb. 1b

Abb. 2

Abb. 3

Abb. 4

Abb. 5a

Abb. 5b

Abb. 6

Abb. 7

Abb. 8

Abb. 9

Abb. 10

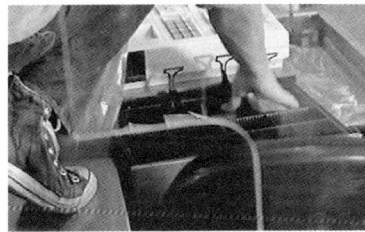

Abb. 11

Anhand des Beispiels vom Überfall auf den Supermarkt möchte ich diesen *bricolage*-Ansatz verdeutlichen, der meiner Meinung nach für viele Filmemacher des ›jungen Kinos‹ so typisch ist. Wir sehen zunächst eine *split-screen*-Einstellung von Manni, dei am Supermarkt auf Lola wartet, deren Lauf gegen die Uhr von diesen Bildern betont wird, da nur ihr Eintreffen vor 12 Uhr Manni vom angekündigten Diebstahl abhalten kann (Abb. 1a, b und 2). Wir sehen beim Ausrauben der Kassen schnelle Schnittfolgen nach *continuity*-Muster, längere Einstellungen und einfache Montage, und dann schnelle Schnittfolgen nach *discontinuity*-Muster, ähnlich wie in Fernsehwerbespots oder Musikvideos. Es geht jedoch ebenfalls um das Verständnis der Blickachsen: Er sieht sie an (Abb. 3), sie sieht zum Wächter am Boden hinunter (Abb. 4), er sieht den Wächter an (Abb. 5a) und blickt wieder zu ihr (Abb. 5b). Das ist ein sehr klarer räumlicher Aufbau auf der Montage-Ebene. Dann aber folgen weit abruptere Schnitte, alternierend zwischen Lola mit der Pistole (Abb. 6) und Manni, der die Kassen plündert (Abb. 7), wobei auf Lola mit der Kamera zugefahren wird (Abb. 8, 9, 10, 11). Nach der Hektik dann die

Zeitdehnung, wenn das Lied *What a Difference a Day Makes* erklingt und die atmosphärischen Töne entfallen (Abb. 12, 13, 14). Tykwer greift wieder auf räumliche *continuity* zurück, damit wir erkennen können, dass sie von der Polizei umzingelt worden sind (Abb. 15a, b, 16, 17, 18). Die Kamera kreist noch auffälliger (Abb. 19a, b, c, 20a, b, c), als dies bei

Abb. 12

Abb. 13

Abb. 14

Abb. 15a

Abb. 15b

Abb. 16

Abb. 17

Abb. 18

Abb. 19a

Abb. 19b

Abb. 19c

Abb. 20a

Abb. 20b

Abb. 20c

Abb. 21

Abb. 22

Nicolas Cage in THE ROCK der Fall ist. Tykwer bietet hier eine Kreis-
fahrt von 360° an und schafft damit formal ein visuelles Analogon für
den Vorgang des Einkreisens durch die Polizei. Es folgen Achsenschnit-
te direkt auf den Polizisten (Abb. 21, 22,), aus dessen Waffe sich später
ein Schuss lösen wird. Eine exzessive Zeitlupe findet beim Wurf der Pla-

stiktüte mit dem Geld (Abb. 23 und 24) und dem fatalen Schuss (Abb. 25), der Lola niederstreckt, Anwendung. Vielfältige Kamerapositionen, wie wir sie in THE ROCK gesehen haben, fangen ein, wie Lola getroffen wird (Abb. 26, 27, 28, 29), wenngleich bei Tykwer wahrscheinlich mit nur einer Kamera von verschiedenen Stellen aus gedreht wurde. Die Sze-

Abb. 23

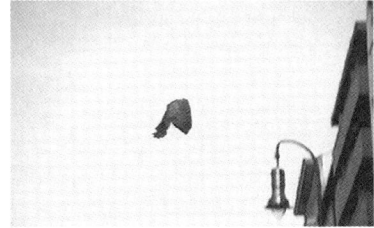

Abb. 24

Abb. 25

Abb. 26

Abb. 27

Abb. 28

Abb. 29

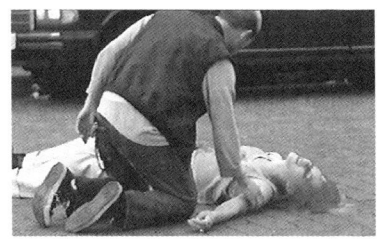

Abb. 30

Abb. 31

Abb. 32a

Abb. 32b

Abb. 33

ne endet mit dem scheinbaren Tod Lolas, indem die Kamera auf ihre starren Augen zufährt (Abb. 30, 31, 32a, 32b).

Auffallend an dieser Ästhetik des ›jungen‹ oder ›neuen Kinos‹ ist ein Nebeneinander verschiedener Tonarten: Komödie wechselt abrupt mit Drama oder Ernsthaftigkeit oder Pathos. Bekanntlich wurde das ausführlich von Godard und Truffaut diskutiert. Aber es ist natürlich auch hier, im ganz neuen deutschen Film, vorhanden.

Die beiden rot getönten Bettszenen zwischen den Story-Varianten erinnern an das poetische Zwischenspiel aus ALPHAVILLE, wenn auch das Ganze bei Tykwer komischer gehalten ist, weil Manni durchaus trottelhaft dargestellt wird. Es ist eine Art hypnotischer Sequenz: Vielleicht passiert das wirklich oder vielleicht auch nicht, vielleicht ist es nur eine Projektion von Möglichkeiten der sterbenden Lola (Abb. 33). Später werden wir sehen, dass sich eine Parallele zur Projektion von Möglichkeiten des sterbenden Manni ergibt. Einfache Schnitte und längere Einstellungen kennzeichnen diese Bettszenen. Hier könnte man an den Anfang von LE MÉPRIS denken, wo Godard die Kadrierung völlig rot färbt, dann weiß, dann blau, während Michel Piccoli und Brigitte Bardot zusammen im Bett sind. Bis zum Ende dieser Sequenz bleibt die Realitätsebene völlig offen, die Szene bleibt zweideutig. Doch danach kehren wir ins Land von MTV zurück, wenn Lola sich gegen ihren nahenden Tod wehrt und ihren Lauf ein zweites Mal antritt.

Für mich ist LOLA RENNT ein Beispiel dessen, was ich als Tendenz zu diesem Pluralismus und dieser Baukasten- oder *bricolage*-Ästhetik erachte, die an verschiedenen Punkten der Filmgeschichte immer wieder auftaucht und häufig mit dem jungen Kino und jungen Filmemachern in Verbindung gebracht wird, die tatsächlich all diese verschiedenen Wege erforschen.

Abschließend sollen noch zwei andere Trends außerhalb Hollywoods erwähnt werden. Der eine betrifft das europäische Kino der Siebzigerjahre und liegt etwa zwischen den Tendenzen, die ich bereits erwähnt habe, zwischen der Rückkehr zur Montage einerseits und der längeren Einstellung mit dem kunstvoll ausgearbeiteten Aufbau andererseits. Der eine – wie ich finde – eindrucksvolle Trend könnte als ›neue Bildhaftigkeit‹ (*pictorialism*) bezeichnet werden, die auf unterschiedliche Weisen gesehen werden kann. Man kann sie beispielsweise als eine Tendenz zum kontemplativen Bild (*spectacle*) sehen. Als Beispiel dafür zeige ich eine Einstellung aus Wenders' Film DIE ANGST DES TORMANNS BEIM ELFMETER von 1971. Sie scheint mir dafür zu stehen, dass die europäischen Filmemacher der Siebzigerjahre beginnen, ihre eigene Auffassung von Schaulust (*visual pleasure*) im Kino, der üppigen Schönheit des Bildes (*pictorial splendor*) im Film zu entwickeln; und sie versuchen, sie mittels kontemplativer Bilder zu verwirklichen. Die Devise dieser Regisseure könnte lauten: »Wir werden nicht mit den Feuerwerken, Spezialeffekten und dem ohrenbetäubenden Sound Hollywoods arbeiten. Wir werden stattdessen innerhalb der Filmbilder, wie sie von einer normalen Kamera eingefangen werden, Mittel finden, so etwas wie einen Schauder, einen Augenkitzel zu erzeugen, sei es durch Landschaft, Lichtzauber (*bursts of light*) und anderes, das uns im Sinne eines Naturschauspiels zu beeindrucken vermag, und dabei in kontemplativer Ruhe verweilen.« Ich komme deshalb auf diese Einstellung aus DIE ANGST DES TOR-

Abb. 1

MANNS BEIM ELFMETER zurück: Der Bus fährt aus einer kleinen Parkbucht vor dem Wirtshaus an der Straße heraus, und in dem Moment wird eine Zigarette aus dem Busfenster geworfen. Nur eine Sekunde lang steigt von dieser Zigarette (Abb. 1) eine Funkenfontäne in die Luft. Und in diesem Kontext, im Kontext dieses

Wenders-Films, ist das eine spek-
takuläre Einstellung. Auch in PA-
RIS, TEXAS (Abb. 2), oder in dieser
Aufnahme aus DER HIMMEL ÜBER
BERLIN, wo es nichts als die reinen
Farbblöcke zu bewundern gilt
(Abb. 3), dreht Wenders sehr bild-
intensiv.

Abb. 2

Ähnlich arbeitet meiner Meinung
nach Theo Angelopoulos, der die
griechische Landschaft und deren
horizontale Ausdehnung zum
Anlass für ein Nachdenken oder
Meditieren über den Raum her-
nimmt, insbesondere in Filmen
wie TAXIDI STA KITHIRA (GR
1984; DIE REISE NACH KITHERA)
oder TOPIO STIN OMICHLI (F, I,
GR 1988; LANDSCHAFT IM NE-
BEL) (Abb. 4), der in einer phanta-
stischen Einstellung diese giganti-
sche Hand zeigt, die, aus dem
Meer emporgehoben, wie über
dem Wasser und der Stadt zu
schweben scheint. Angelopoulos
macht daraus eine Art Natur-
schauspiel, bei dem er verweilt.

Abb. 3

Abb. 4

Unter den Filmemachern der jün-
geren Zeit drängt sich Alexander
Sukorov auf, der postsowjetische
Regisseur, der in MATR (RUS
1998; MUTTER UND SOHN) seine
Bilder färbt und verzerrt, indem er
Glas und Zerrlinsen vor die Ka-
mera setzt (Abb. 5). Auch hier fin-

Abb. 5

det sich nicht mehr das virtuose Bemühen, Szenen mittels ausgeklügel-
ter Bewegung der Figuren und dynamischer Kamerabewegungen zu inszenieren; die Kamera bleibt unbewegt, es gibt nicht übermäßig viel zu
sehen, aber die Kamera verweilt bei den Sujets, labt sich gewissermaßen

Abb. 1

Abb. 2

Abb. 3

Abb. 4

an der Schönheit im Bild bis zum letzten Tropfen. Ähnliches findet man meiner Meinung nach in Hans-Jürgen Syberbergs PARSIFAL von 1982 (Abb. 1), aber bei ihm liegt eher der Gedanke zugrunde, dass Theater, wenn es auf eine bestimmte Weise aufgefasst wird, das gleiche Potential zum großen visuellen Schauspiel hat. Oder nehmen wir Manoel de Oliveira, den portugiesischen Regisseur, der in OS CANIBAIS (P, F 1988; DIE KANNIBALEN) ähnlich theaterhaft mit dem Raum verfährt (Abb. 2). Bei Rainer Werner Fassbinder ist nicht Landschaft wie bei Wenders, Angelopoulos oder Sukorov die Inspirationsquelle, auch nicht das Theater, sondern vielmehr die Geschichte des Kinos selbst. In ANGST ESSEN SEELE AUF von 1973/74 (Abb. 3) wird also gewissermaßen die Kinogeschichte in abstrakter Form neu geschrieben, in bildlicher Abstraktion, und die Handlungssituation wird umrahmt von dieser sehr statischen, minimalistisch anmutenden Komposition. Zu nennen wäre noch der Mystizismus Andrej Tarkovskijs in NOSTALGHIA (I, F, SU 1988) (Abb. 4). Das alles sind Spielarten dessen, was ich als ›kontemplatives Schauspiel‹ (*spectacle*) bezeichnen würde, als interessanten Versuch, wieder visuelle Schönheit ins Bild zu bringen – zur selben Zeit, da

Hollywood auf Spezialeffekte und dynamische Pyrotechnik setzt.

Abb. 5

Minimalismus finden wir natürlich auch bei Leuten wie Jean-Marie Straub, der in einem Film wie DIE CHRONIK DER ANNA MAGDALENA BACH von 1968 versucht, ein barockes Element wiederzuerschaffen; oder wie bei Chantal Akerman, die mit TOUTE UNE NUIT (F, B 1982) einen sehr kargen Stil nach Art des *hard edge* anstrebt (Abb. 5); oder bei Terence Davies in DISTANT VOICES, STILL LIVES (GB 1988) (Abb. 6). Davis vertritt eine starke Tendenz zur Einfachheit innerhalb dieser Be-

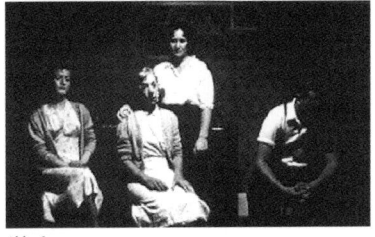

Abb. 6

wegung. Die meisten seiner Einstellungen sind äußerst schnörkellos (*skeletal*) und schematisch. Kunstvolles, wie man es zum Beispiel bei Antonioni oder Mizoguchi findet, wird in ihnen nicht angestrebt. Es sind Tableau-Einstellungen, und sie sind sehr ungewöhnlich auf sehr einfache diametrale Art montiert, da die Kamera auf der Handlungsachse positioniert ist. Die Figuren sind stets der Kamera zugewandt, selbst wenn sie einander anblicken. Diese Art der diametral zugeordneten Einstellungen und des Tableau-Ansatzes kann man als eine weitere Version der Montage-Schemata sehen, mit denen auch im klassischen Hollywood-Film gearbeitet wurde. Es ist so ziemlich der einfachste, minimalste Einsatz von Schuss/Gegenschuss oder *establishing shots*, den man sich vorstellen kann. Man reiht die Leute auf wie Wäschestücke an einer Leine, filmt sie *en face* und macht dann vielleicht ein paar Zwischenschnitte, in denen sie einander ansehen und dabei der Kamera unmittelbar zugewandt bleiben. Es ist, als wollten diese Regisseure eine neue Art des Schauspiels kreieren, mit einer Rückkehr zum Primat des Bildes und der Reinheit des Sehens (*vision*).

Zum Schluss möchte ich noch die Tradition des asiatischen Kinos betrachten, im besonderen des zeitgenössischen asiatischen Films. Auch hier sind viele der Tendenzen wiederzuerkennen, die ich bereits erwähnt habe. Wie wir bei der Betrachtung Mizoguchis festgestellt haben, gibt es dort eine gewisse Paralleltendenz zu den Entwicklungen bei Hawks,

Renoir und anderen Regisseuren des Westens. Und wir werden auch im heutigen asiatischen Film einige interessante Parallelen zu dem entdecken können, was wir soeben als zeitgenössisches westliches Kino erörtert haben.

Fangen wir mit Hongkong an: Hongkong bietet populäres, Zuschauerorientiertes Kino, das heißt, es sucht den Massenmarkt. Es ist Actionorientiert; sein bevorzugtes, sein erfolgreichstes Genre ist immer schon der Actionfilm gewesen – Kung Fu, Schwertkampf, Revolverkampf. Es stellt so etwas wie eine neue Version des Hollywood-*continuity*-Kinos dar, eine erfinderische Bearbeitung, möchte ich einmal sagen, der Tradition der klassischen *continuity*-Montage, die man den eigenen Zwecken entsprechend umgemodelt hat.

Der folgende Ausschnitt stammt aus einem Hongkong-Film mit dem Titel RIGHTING WRONGS (1986) von Yuen Kuei, und hier sieht man all die Prinzipien der *continuity*-Montage, mit denen wir uns in den vergangenen Vorlesungen beschäftigt haben, bis zum Äußersten ausgefeilt. Meiner Meinung nach hat das Hongkong-Kino von Hollywood entliehen, das Entliehene aber verbessert. Vergleicht man den Ausschnitt mit der Actionsequenz aus THE ROCK, so fällt beim Hongkong-Film auf: Hier ist alles klar, treffend und knapp (Abb. 1). Jede Geste, jeder Schnitt zeichnet sich durch maximale Wirkungskraft und Ökonomie aus. Wir erkennen eine schematische Einfachheit der Kadrierung; Personen treten auf, verweilen, gehen wieder ab. Und natürlich geht es vor allem um Körper, um all die verschiedenen Dinge, die Körper tun können. Dabei gibt es sehr komische Einstellungen, die offensichtlich ohne große Besorgnis um Wirklichkeitsnähe konzipiert sind. Ferner fällt auf, wie die Handlung durch diese akzentuierten Unterbrechungen pointiert wird, diese Pausen, die – wie Bühnenpausen – die Aufmerksamkeit auf das lenken, was soeben geschehen ist. Dies ist einer der besten Hongkong-Filme der Achtzigerjahre, wirklich spektakulär gemacht, mit einer enormen Anzahl von Einstellungen. Aber anders als bei Michael Bay ist jede Einstellung absolut lesbar. Die Schnitte werden rhythmisch eingesetzt, um einen Moment zu akzentuieren. Der Schnitt kommt, wenn der Schauspieler innehält. Selbst die plötzliche Schärfenebenenverlagerungen, der *rack focus*, ist rhythmisch. Michael Bay sollte sich ein Beispiel daran nehmen.

Abb. 1

Abb. 2

Abb. 3

Es mag seltsam erscheinen, eine Sequenz wie diese mit der Arbeit Wong Kar-Wais zu vergleichen, dem Regisseur von CHUNGKING EXPRESS, aber es bestehen in der Tat starke Verbindungen; Wong Kar-Wai macht Genrefilme in Hongkong, aber ihm ist an einer Stilisierung dieses Interesses am Körperlichen gelegen, im Sinne von Montage und Figurenmanipulation, wie wir es bei Regisseuren des ›jungen Kinos‹ in anderen Teilen der Welt sehen. Es erscheint mir daher nicht abwegig, in CHUNGKING EXPRESS von 1994 (Abb. 2) gewisse Parallelen zu dem zu erblicken, was wir bei Godard und Truffaut und der *Nouvelle Vague* sehen, oder bei Kluge im Neuen deutschen Film oder, in jüngerer Zeit, bei Tom Tykwer: etwas wie eine Mischung aus all diesen Techniken der Stilisierung. Wir haben beispielsweise *freeze-frames,* also Standbilder und solche mit abstrakt anmutender Komposition (Abb. 3). Auch bei Tykwer gibt es eine solche Einstellung, und man fragt sich, ob er vielleicht CHUNGKING EXPRESS gesehen hat. Er benutzt ebenfalls das Lied *What a Difference a Day Makes,* das auch im Film von Wong Kar-Wai von Bedeutung ist.

Ich möchte Bilder aus einem früheren Film von ihm zeigen, seinem ersten Spielfilm, AS TEARS GO BY von 1988. Schon hier erkennt man, dass der Nachdruck auf der Stilisierung innerhalb des Genrekontexts liegt, genau wie bei den jungen Filmemachern anderer Länder. In der ersten Einstellung des Films finden wir sowohl verschwommene Zeitlupe als auch Überblendung aus rein grafischen Gründen. Es ist ein brillant entworfener Farbfilm. Später wird in einer kleinen Imbiss-Stube, deren Wände aus stramm gespanntem Plastik sind, ein Mord verübt. Im Verlauf des Kampfes schlägt das Opfer um sich und drückt gegen die Plastikwand. Die Hand zeigt sich in starkem Umriss in den Kunststoff gedrückt. Die letzte Szene des Films zeigt nochmals, dass hier ein Regisseur am Werk ist, der auf Bildhaftigkeit Wert legt (*he is a pictorial director*); und dann die erstaunliche letzte Einstellung des Films: eine orangefarbene Plastikhaut, die im Wind flattert.

Zum Schluss zeige ich noch einen längeren Ausschnitt aus AS TEARS GO BY, um einen Eindruck davon zu vermitteln, dass diese Mittel der Stilisierung und des Pluralismus, derer sich die jungen Filmemacher anderswo bedienen, auch von Wong Kar-Wai in Hongkong eingesetzt werden. Wir finden bei ihm auch etwas von dem *MTV-look* wieder. So viel

Abb. 1

Abb. 2

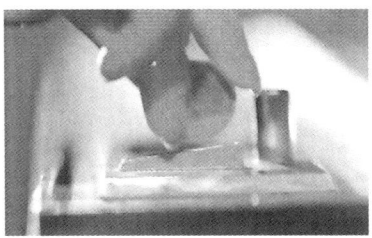

Abb. 3

Abb. 4

Abb. 5a

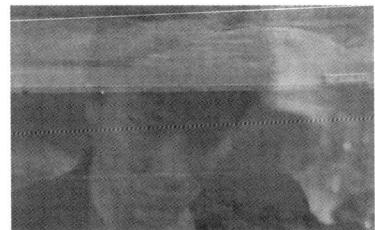

Abb. 5b/ 6a

Abb. 6b

Abb. 7

Abb. 8

Abb. 9

Abb. 10

Abb. 11

zur Situation: Andy Lau hat soeben seiner alten Freundin den Laufpass gegeben (Abb. 1); er interessiert sich für Maggie Cheung, die er aus einem Lokal heraus anzurufen versucht (Abb. 2). Die aber ist auf die Insel Lan Tao gefahren. Manches erinnert an CHUNGKING EXPRESS: Wenn die Frau sich für den Mann interessiert, interessiert der sich nicht für sie; wenn der Mann anfängt, sich für die Frau zu interessieren, hat die kein sonderliches Interesse mehr an ihm – Fehlzündungen der Liebe, könnte man sagen. Wenn man CHUNGKING EXPRESS gesehen hat, wird man sofort erkennen, dass auch hier Wong Kar-Wais Stilwillen am Werk ist. Wir entdecken noch ein Stilmittel des jungen Kinos wieder: Es wechseln statische Einstellungen, Handkamera-Einstellungen, halbkreisförmige Kamerafahrten, Parallelfahrten einander ab. So kommt eine Sequenz zustande, die durch das Lied *You Take My Breath Away* zusammengehalten wird, das Andy Lau nach seinem vergeblichen Anruf im Lokal in der Musikbox drückt (Abb. 3 und 4). Die folgenden Busfahrten werden mit einer Überblendung vom Gesicht des Protagonisten, wie er der Musik lauscht (Abb. 5b und 6a), eingeleitet und muten wie ein musikalisches Zwischenspiel auf Grundlage bestimmter Farb- und Formharmonien an (Abb. 6–9), wobei die Schnitte auf die Musik abgestimmt sind. Man beachte jetzt die folgenden Schnitte: von ihm am Geländer nach Abhören seiner Mailbox (Abb. 10) ein Sprung zu ihr, wie sie dem Bus nachläuft (Abb. 11); nun bildparallele Bewegung des Busses in entgegengesetzter Richtung mit ihr als Fahrgast (Abb. 12a); sie geht zum Aussteigen zunächst von rechts nach links zur Bustür (Abb. 12b); kommt ganz nah in den Vordergrund und stoppt (Abb. 12c), während der Bus nach links aus dem Bild fährt, nur als abstrakter roter Balken sichtbar; Schnitt auf diese Bewegung, die in der folgenden Ein-

Abb. 12a

Abb. 12b

Abb. 12c

Abb. 13a

Abb. 13b

Abb. 14a

Abb. 14b

Abb. 15a

202

Abb. 15b

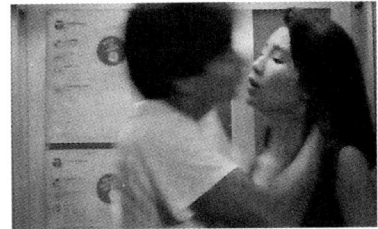

Abb. 16a

Abb. 16b

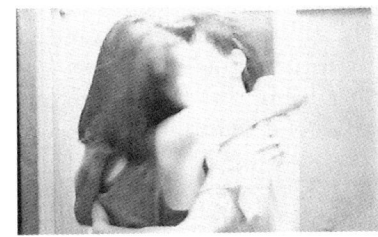

Abb. 16c

stellung in umgekehrter Richtung sich wiederholt: der Bus fährt jetzt nach rechts aus dem Bild, wieder ein abstrakter Balken aus Rot, der wie eine Wischblende vorübergleitet (Abb. 13a) und den Blick auf Maggie Cheung freigibt (Abb. 13b). Wong Kar-Wai nimmt jetzt alle intensiven Farben aus der Einstellung, bleicht sie gewissermaßen aus. Er verlangsamt die Bewegung während ihres Suchens (Abb. 14a), um sie erneut nach der Paarfindung anzufachen (Abb. 14b, 15a, 15b). Stürmische Umarmung in der Telefonzelle (Abb. 16a), passend zur Liedzeile *You Take My Breath Away* (Abb. 16b)*. Abblende zu Weiß (Abb. 16c). Es fällt also auf, dass einige dieser Qualitäten oder Tendenzen oder Techniken, die wir in Tom Tykwers Film und im *Nouvelle Vague* Film bemerken, auch im Hongkong Kino zu finden sind, in der Arbeit von Wong Kar-Wai zum Beispiel.

Ich möchte noch auf zwei andere Beispiele aus dem asiatischen Kino hinweisen. In Japan finden wir natürlich eine große Vielfalt stilistischer Tendenzen, einschließlich einer Dramaturgie in langen Einstellungen, aber im besonderen möchte ich auf jenes schnörkellose Kino des trockenen Humors aufmerksam machen, das von Masayuki Suo oder vor allem von Takeshi Kitano vertreten wird. Bei Suo finden wir in SUMO DO,

---

*In der deutschen Fassung wurde das Lied *You Take My Breath Away*, das in der Originalfassung des Films auf Chinesisch mit englischem Refrain gesungen wird, durch eine andere Musik ersetzt. Diesen Hinweis verdanke ich dem Herausgeber Heike Depenbrock im Filmmuseum München.

Abb. 1

Abb. 2

SUMO DON'T aus dem Jahre 1992 dieses einfache Schema wieder, das mit Tableaux, flächigen, planimetrischen Kompositionen arbeitet und Einstellungen direkt von vorn (Abb. 1), die als Schuss/Gegenschuss aufeinander folgen (Abb. 2), anbietet.

Bei Kitano wirkt das sehr komisch, wenn – wie in seinem Film SONATINE aus dem Jahre 1993 – junge Leute, die am Sonntag nichts zu tun

Abb. 3

Abb. 4

Abb. 5

haben, einfach so herumstehen (Abb. 3) – wie in Fassbinders KATZELMACHER (Abb. 4), wo die Figuren wie auf einer Hühnerstange aufgereiht sind. In SONATINE sind es Gangster, die am Strand, wo sie sich versteckt haben, sich einen gespielten Sumo-Kampf anschauen. Alle Kitano-Filme drehen sich meiner Meinung nach um halbwüchsige Jungen: Selbst Männer verhalten sich bei ihm wie Halbwüchsige. Hier also inszenieren sie ihren eigenen Sumo-Kampf am Strand, und die Figuren sind wie an einer Wäscheleine aufgereiht (Abb. 5). Bei der Schießerei an der Straße haben wir zunächst eine Diagonaleinstellung (Abb. 6), und dann eine von vorn, als die Männer sich für ihren Boss umlegen lassen. Nachdem der Mord stattgefunden hat, wird das Resultat in einer flächig wirkenden Aufsicht vorgeführt (Abb. 7).

Abschließend ein letztes Beispiel aus Taiwan. Ich sagte, die Tiefeninszenierung mit komplizierter Figurenbewegung und starrer Kamera scheine als Fertigkeit verlorengegangen zu sein, als Technik nicht mehr verwendet zu werden. Es gibt jedoch einen zeitgenössischen Regisseur, der noch ein Meister dieser Technik ist, und das ist der taiwanesische Filmemacher Hou Hsiao-Hsien. In seinen Filmen finden wir von neuem die Dichte der Kadrierung, die wir aus Filmen wie INGEBORG HOLM und Werken von Feuillade ken-

Abb. 6

Abb. 7

nen, diese Neigung zu sehr langen, sehr vollgepackten Einstellungen nahezu ohne Kamerabewegung. Er steuert unsere Aufmerksamkeit, genau wie jene Filmemacher das taten, mittels der Plazierung der Figuren und sehr feiner Bewegungen. Hier zum Beispiel haben wir in BEIQING CHENGSHI (STADT DER TRAURIGKEIT) von 1989 eine Runde von Intellektuellen, die miteinander diskutieren, und er hält die Einstellung – keine Schnitte, keine Kamerabewegung – und steuert unseren Blick nur durch minimale Veränderungen etwa der Figurenpositionen, indem der Mann halblinks im Hintergrund verdeckt wird (Abb. 8), damit wir seinen Tischnachbarn – von uns aus rechts von ihm – konzentrierter beim Sprechen sehen können (Abb. 9). Später steht einer der Männer auf und öffnet eine Tür in den Hintergrund; in der Ferne tut sich ein Raum auf, und alle versammeln sich an der Tür, um ein Universitätslied zu singen. Jetzt ruht unsere Aufmerksamkeit auf der ganzen Gruppe, wir können kein einzelnes Gesicht erkennen, nur Silhouetten, die von uns abge-

Abb. 8

Abb. 9

wandt sind, sodass der Nachdruck auf dem Akt des gemeinschaftlichen Singens liegt.

An anderer Stelle in Beiquing Chengshi (hier ohne Abbildung) findet sich quasi eine Reaktivierung von Mizoguchis Inszenierungskunst, eine interessant kadrierte Komposition: Darin mustert ein kaum erkennbarer Mann eine durch eine Säule nahezu versteckte Frau, weil er argwöhnt, dass sie die Geliebte eines ermordeten Mannes war. Sie sieht ihn an, und durch eine winzige Aufwärtsbewegung hebt Hou ihr Gesicht ein wenig ins Licht; man kann jetzt ihr Profil erkennen. Dann – ähnlich wie bei Mizoguchi – wendet sie sich, seinem Blick ausweichend, uns zu. Der Mann sieht sie einen kurzen Moment, bevor wir sie identifizieren können. Er versucht, sie noch klarer zu erkennen, indem er sich nach links bewegt. Sie steht auf, um seiner Musterung auszuweichen, und ein anderer Mann, der die ganze Szene hindurch ruhig im Hintergrund gesessen hat, beschließt, in die Konfrontation einzutreten. Er geht von hinten um sie herum, fordert den ersten Mann auf, sie in Ruhe zu lassen und stößt ihn aus der Kadrierung. Sodann beginnt zwischen beiden Männern ein Kampf. Es gibt heute nur sehr wenige Regisseure, die eine so kompliziert und in Tiefenschichten gestaltete Szene innerhalb einer einzigen Einstellung drehen könnten.

Mit dieser Vorlesungsfolge wollte ich darlegen, dass sich nicht nur *eine* internationale Filmsprache im Lauf der Geschichte des Kinos entwickelt hat, nicht nur *eine* Auffassung des visuellen Stils, sondern dass es mehrere Traditionen gibt, verschiedene Lösungsansätze für die Probleme, denen sich die Filmregisseure in den vergangenen 100 Jahren gegenüber sahen. Einige der gefundenen Lösungen haben sich durchgesetzt, sind zu traditionellen und akzeptierten Techniken geworden, die nach Belieben der Filmemacher eingesetzt oder vernachlässigt werden können. Es gibt rivalisierende Traditionen – man kann eine Szene schneiden oder einfach weiterlaufen lassen, man kann mit oder ohne Kamerabewegung arbeiten –, aber sie alle drehen sich um gewisse Schlüsselprobleme: die Aufmerksamkeit des Zuschauers auf das zu lenken, was von Bedeutung ist; die dramatische Entwicklung der Szene voranzubringen; eine Beziehung des Zuschauers zu den emotionalen Dimensionen der Figuren herzustellen. Ich hoffe, es ist mir gelungen, *einige* Mittel aufzuzeigen, mit denen das erreicht werden kann, aber es gibt noch viele andere, zu deren Erörterung die Zeit fehlt. Dennoch hoffe ich, dass meine Ausführungen wenigstens Anstoß zur Diskussion geben.

Fragen an Bordwell zu dieser Vorlesung:

Frage: Sie haben Ihre Vorlesungen mit einem Vergleich der Künste begonnen und sprachen davon, dass Malerei und Film näher miteinander verwandt zu sein scheinen als Theater und Film. Wie sehen Sie das Element der Bewegung in der Malerei? Welche Beziehung besteht in dieser Hinsicht zwischen Malerei und Film?

Antwort: Ich habe in der ersten Vorlesung und den nachfolgenden versucht, auf diese Frage einzugehen, als ich davon sprach, dass das Kino sich zwischen Malerei und Theater bewege. Auf der einen Seite haben wir Darsteller und Bewegung wie im Theater, auf der anderen Seite haben wir das optische Dreieck, den in Richtung der Objektivachse perspektivischen Raum, den es im Theater nicht gibt. Für mich also steht das Kino zwischen beiden. Es ist der Malerei insofern ähnlich, als es mit einem perspektivischen Blick und einem schmalen Raum arbeitet, in dem Figuren in der Tiefe angeordnet werden müssen. Aber wie beim Theater gibt es Bewegung. Für mich steht es als Mittelding zwischen Malerei und Theater. Sofern wir uns mit dem visuellen Stil im Kino befassen, müssen wir häufig diejenigen Qualitäten berücksichtigen, die es mit der Malerei verbinden; denn was wir im Film sehen, ist ein Bild. Die Handlung wird uns im Bild vorgeführt, und insofern unterscheidet sich Kino von Theater. Aber natürlich gibt es andere Dimensionen, wie die des Spiels der Darsteller, auf die ich kaum zu sprechen gekommen bin und die viel mit dem Theater gemeinsam haben.

Frage: Meine Frage betrifft die schnelle Montage der sowjetischen Regisseure, wie sie von Eisenstein aufgefasst wurde. Er sagte, dass der Film vermöge der Montage eher Denkprozessen ähnlich sei, vergleichbar der Art, wie der Geist arbeite. Er hat dann mit Neurophysiologen und Psychologen und ähnlichen Leuten zusammengearbeitet. Folgt auch die amerikanische Filmtheorie diesen wissenschaftlichen, interdisziplinären Wegen bei der Beschäftigung mit Filmtechniken, bei der Frage wie sie funktionieren, wie Denkvorgänge und Emotionen ablaufen?

Antwort: Nicht so bewusst, denke ich. Zunächst einmal bestand meiner Meinung nach immer schon eine Tendenz, verschiedene Montage-Traditionen natürlichen Vorgängen gleichzusetzen, sie gewissermaßen als naturgegeben auszulegen. Von Anfang an hat man zum Beispiel be-

207

hauptet, dass die klassische *continuity* eine natürliche Nachahmung der Art und Weise sei, wie unsere Aufmerksamkeit angesichts einer bestimmten Situation funktioniere. Man habe so etwas wie einen Gesamteindruck, etwa wie ich in diesem Moment: Ich sehe Sie an, bin aber gleichzeitig des ganzen umgebenden Raums gewahr, das heißt, ich konzentriere mich auf nur einen Teil des Raums, bin mir aber dennoch des Gesamtrahmens bewusst. Verfechter der *continuity*-Montage würden sagen, dass mein optischer Wahrnehmungsapparat die Szene in diesem Moment schneidet. Er macht einen *master shot*, das heißt, er bietet mir einen Überblick über den gesamten Raum, konzentriert sich dann aber auf nur einen Teil dieses Raums. Verfechter der klassischen Montage behaupten, sie ahme nur nach, wie das Auge normalerweise die Welt wahrnehme.

Wenden wir uns der sowjetischen Tradition zu, würde uns Pudovkin entgegnen: »So nehmen wir aber die Welt nicht wahr; es ist nicht so, dass wir als erstes diesen Gesamteindruck haben. Ich sehe hierhin, ich sehe dorthin, ich sehe da hinüber, und ich füge das alles im Geist zusammen.« Dann kommt Eisenstein und behauptet, »Tatsächlich denken wir auch in nicht-räumlichen Kategorien. Wir denken metaphorisch, wir denken assoziativ, warum sollen wir diese Prozesse nicht in die Montage einbauen?« Also schneidet er von dem auf Petrograd marschierenden Kornilov auf Statuen von Napoleon, weil Kornilov wie Napoleon ist. Auch so arbeitet der Geist. Ich denke, im Rahmen vieler unterschiedlicher Montage-Traditionen hat es immer Theoretiker gegeben, die behaupteten, eine bestimmte Montagetechnik spiegele gewisse Eigenschaften der Wahrnehmung von der Welt oder des Denkens über die Welt. Ich persönlich neige zu der Auffassung, dass das nur Teile der ganzen Geschichte sind. Natürlich funktioniert die Montage so oder so, aber häufig sind das *post-festum*-Rationalisierungen einer Montage-Tradition, die bereits besteht. Bestimmte Techniken fassen Fuß, sie funktionieren, der Zuschauer versteht sie, und dann fragen wir nachträglich: »Und *warum* hat er sie verstanden?« Die einfachste Antwort auf diese Frage ist: »Weil diese Technik den geistigen Prozess nachempfindet.« Aber das ist vielleicht nicht die beste Art, sie zu verstehen. Es ist vielleicht so, dass wir uns diese Dinge, diese verschiedenen Traditionen ganz einfach sehr schnell zu eigen machen. Ich habe deshalb keine gültige Antwort für Sie. Ich kann nur sagen, dass Eisensteins Auffassung in den größeren Rahmen einer theoretischen Richtung gehört, die Montage unter Bezug auf die Tätigkeit des menschlichen Geistes rechtfertigt.

Literaturempfehlungen David Bordwells

Empfehlungen bezüglich der gesamten Thematik:
Andre Bazin: »L'évolution du langage cinématographique«, in: ders.: *Qu'est-ce que le cinéma.* Paris: Les Éditions du Cerf, 1973, S. 63 – 80. Als engl. Übersetzung: »The Evolution of the Language of Cinema«, in: *What Is Cinema?* Übers. und hrsg. von Hugh Gray. Berkeley: University of California Press, 1967, S. 23 – 40.
David Bordwell: *On the History of Film Style.* Cambridge: Harvard University Press, 1997.
Kristin Thompson und David Bordwell: *Film History: An Introduction.* New York: McGraw-Hill, 1994.
James Monaco: *Film verstehen. Kunst, Technik, Sprache, Geschichte u. Theorie des Films u. der neuen Medien.* Neuausg. Reinbek: Rowohlt, 2000.

Zum ersten Kapitel:
Eileen Bowser: *The Transformation of Cinema: 1907-1915.* Bd. 2 von *The History of the American Cinema.* New York: Scribners, 1990.
Ben Brewster und Lea Jacobs. *Theatre to Cinema: Stage Pictorialism and the Early Feature Film.* Oxford: Oxford University Press, 1997.
Charles Musser: *The Emergence of Cinema: The American Screen to 1907.* Bd. 1 von *The History of the American Cinema.* New York: Scribners, 1990.
Georges Sadoul: *Le cinéma devient un art (L'avant-guerre) 1909-1920.* Bd. 3 der *L'Histoire générale du cinéma.* Rev. Ausg. Paris: Denoel, 1973.
ders.: *Les pionniers du cinéma (De Méliès à Pathé), 1897-1909.* Bd. 2 von *L'Histoire générale du cinéma.* Revidierte Ausgabe. Paris: Denoel, 1978.

Zum zweiten Kapitel:
Tino Balio: *Grand Design: Hollywood as a Modern Business Enterprise, 1930-1939.* Bd. 5 von *The History of the American Cinema.* New York: Scribners, 1993.
David Bordwell, Janet Staiger und Kristin Thompson: *The Classical Hollywood Cinema: Film Style and Mode of Production to 1960.* New York: Columbia University Press, 1985.
Donald Crafton: *The Talkies: American Cinema's Transition to Sound, 1926-1931.* Bd. 4 von *The History of the American Cinema.* New York: Scribners, 1997.
Colin Crisp: *The Classic French Cinema 1930-1960.* Bloomington: Indiana University Press, 1993.

Zum dritten Kapitel:
Joseph Anderson und Donald Richie: *The Japanese Film: Art and Industry*. Revidierte Ausg. Princeton, NJ: Princeton University Press, 1982.
Dudley und Paul Andrew: *Kenji Mizoguchi: A Guide to References and Resources*. Boston: G. K. Hall, 1981.
Noël Burch: *To the Distant Observer*. Berkeley: University of California Press, 1978.
Helmut Färber (Hrsg.): *Saikaku ichidai onna (Oharu)*. München, 1986.
Keiko McDonald: *Mizoguchi*. Boston: Twayne, 1984.
Tadao Sato: *Le cinéma japonais*. Übers. Karine Chesneau, Rose-Marie Makino-Fayolle, und Chiharu Tanaka. 2 Bde. Paris: Centre Georges Pompidou, 1997.

Zum vierten Kapitel:
Roy Armes: *The Ambiguous Image*. London: Secker and Warburg, 1976.
David Bordwell: *Narration in the Fiction Film*. Madison: University of Wisconsin Press, 1985.
Noël Burch: *Theory of Film Practice*. Übers. Helen R. Lane. New York: Praeger, 1973.
Jean Douchet: *Nouvelle Vague*. Paris: Hazan, 1998.
Robert Phillip Kolker: *The Altering Eye: Contemporary International Cinema*. New York: Oxford University Press, 1983.

Danksagung /Acknowledgements

Die im Sommer 1999 durchgeführte Reihe der Kino-Lectures zum Thema *Visual Style in Cinema* und deren Buchausgabe waren nur möglich durch Kooperation diverser Institutionen, Firmen und Personen, denen an dieser Stelle der Dank für ihre Bereitschaft gebührt, das Projekt auf vielerlei Art unterstützt zu haben.

An erster Stelle geht der Dank an den Ordinarius des Instituts für Kunstgeschichte an der Ludwig-Maximilians-Universität München, Herrn Professor Dr. Frank Büttner. Er griff die Anregung des Kulturreferats der Landeshauptstadt München zu dieser Gastvorlesungsreihe aus seinem Kunstgeschichtsverständnis heraus, das vor den bewegten Bildern des Films nicht zurückscheut, zielstrebig auf und erreichte bei der *Gesellschaft von Freunden und Förderern der Universität München* die Reisekostenübernahme. Für die Unterstützung seitens dieser Gesellschaft sei ebenfalls hier unser Dank ausgesprochen.

Doch das Projekt bedurfte noch zwei weiterer unentbehrlicher Eckpfeiler zu seiner Verwirklichung: Das war erstens die Zusage Stephan Hutters, des Geschäftsführers der *Prokino Filmverleih GmbH*, dass seine Tochterfirma *Media Part* das Vorlesungshonorar für David Bordwell übernehme, zweitens die Zusage von Regina Mehler, damals bei *ARRI TV Produktionsservice GmbH* für die Öffentlichkeitsarbeit zuständig, mit Bereitstellung des ARRI-Kinos die technischen Voraussetzungen für die Durchführung der vier Vorlesungen zu schaffen. Denn diesen Vorlesungen gingen jeweils Filmvorführungen in bestmöglicher Projektionsqualität voraus; die anschließenden Ausführungen Bordwells waren mit unzähligen Dias und Videoausschnitten gespickt, für die optimale Diaprojektoren bzw. geleaste Beamer installiert wurden. Für die perfekte Theaterleitung unter Peter Vit wie an die Adresse der vorgenannten Sponsoren Prokino und ARRI Film&TV ergeht deshalb unser herzlicher Dank, ebenso an das von Stefan Drößler geleitete Filmmuseum im Münchner Stadtmuseum, wo die Stummfilmbeispiele für die erste Vorlesung dank der dreiflügeligen Sektorenblende und richtigen Bildfrequenz den einzig möglichen Aufführungsort fanden.

Für die Filmbeschaffung danke ich Klaus Volkmer im Filmmuseum München und Renate Nöldeke bei KirchMedia, für die kostenlose Kopie von LOLA RENNT Prokino und FPV, für die Dia-Herstellung daraus Gerhard Ullmann im Filmmuseum.

Die persönliche Betreuung David Bordwells und Kristin Thompsons übernahm Marie Axland, der auch für die Transkription der Vorlesungen vom Tonband auf Diskette der allerherzlichste Dank gilt. Für die weitere »Textverarbeitung« danke ich der Übersetzerin Mechtild Ciletti, dem Schreibbüro Scheiblhuber, für Textkorrekturen im dritten Kapitel Klaus Volkmer und für die abschließenden Korrekturen Gabriele Jofer ganz besonders, ebenso Rudi Jürschik, der zur russischen Malerei und zum sowjetischen Film meine Fragen schnellstens beantwortete. Vor allem aber ist dem Grafiker Wolfgang Perez zu danken, der durch seinen Erfindungsreichtum zur kostengünstigen Integration der vielen Bildbeispiele sowohl für den Verlag und als auch den Herausgeber die Rettung des Konzepts einer reichhaltigen Illustration ermöglichte. Finally my thanks to David Bordwell for granting the use of his slides and cassettes for the process of editing this book. I know it meant a lot of anxiety for him to ship his precious collection to Munich and back again to Madison, since years of work were necessary to accumulate this huge amount of material. Thanks to Marie Axland once again for returning everything safely. Die Abbildungen stammen zumeist aus Filmkopien und wurden ausschließlich im Rahmen des hierzulande geltenden Zitatrechts verwendet.

Abschließend ist auch ein Wort des Dankes dem ehemaligen Kulturreferenten der Landeshauptstadt, Professor Dr. Julian Nida-Rümelin, gegenüber angebracht, dessen kulturpolitische Leitlinien unter anderem darauf ausgerichtet waren, die Zusammenarbeit zwischen dem Kulturreferat und den Hochschulen, zwischen Kunst und Wissenschaft zu intensivieren. Der vorliegende Band möge als Beleg seiner fruchtbringenden Initiativen für Münchens Kulturbereich gelten, dessen weiteres Gedeihen er aufgrund seines neuen Amtes in Berlin nun von »höherer Warte« aus betrachten muss.

A.R.

Die Vorlesungsreihe erfolgte in Zusammenarbeit bzw. mit freundlicher Unterstützung von: Institut für Kunstgeschichte an der Ludwig-Maximilians-Universität München, Gesellschaft von Freunden und Förderern der Universität München, Kulturreferat der Landeshauptstadt München, Prokino Filmverleih GmbH, ARRI TV Produktionsservice GmbH, Filmmuseum im Münchner Stadtmuseum.

Reden über Film

Die Reihe „Reden über Film" im Verlag der Autoren geht auf einen Diskussions- und Vortragszyklus in München zurück. Das Kulturreferat der Landeshauptstadt München und diverse Mitveranstalter laden seit 1993 hochkarätige Filmemacher- und Denker zu essentiellen Filmgesprächen ein. „Reden über Film" ist das *Literarische Quartett* für die Welt der Leinwand – und macht Lust auf mehr.

David Bordwell ist mit Aufsätzen in drei Bänden dieser Theorie-Reihe im Verlag der Autoren vertreten:

Der schöne Schein der Künstlichkeit
ISBN 3-88661-158-2

David Bordwell: CITIZEN KANE und die Künstlichkeit des klassischen Studio-Systems
David Bordwell: DIE HARD und die Rückkehr des klassischen Hollywood-Kinos

Außerdem:
Ken Adam: Freiräume für die Phantasie
Peter Greenaway: Film, eine Kunst nach Regeln?
Jack Lang: Perspektiven des europäischen Kinos und die Lichtblicke der LIEBENDEN VON PONT-NEUF.
Anschließend ein Gespräch mit Volker Schlöndorff

Zeit, Schnitt, Raum
ISBN 3-88661-188-4

David Bordwell: Modelle der Rauminszenierung im zeitgenössischen europäischen Kino

Außerdem:
Kristin Thompson: Wiederholte Zeit und narrative Motivation in UND TÄGLICH GRÜSST DAS MURMELTIER
Donald Richie: Raum, Zeit und Tofu in den Filmen von Yasujiro Ozu
Alain Robbe-Grillet: Im Kaleidoskop der Lüste

Die Filmgespenster der Postmoderne
ISBN 3-88661-193-0

David Bordwell: Postmoderne und Filmkritik: Bemerkungen zu einigen endemischen Schwierigkeiten

Außerdem:
Mike Sandbothe: Was heißt hier Postmoderne? Von diffuser zu präziser Postmoderne-Bestimmung
Thomas Elsässer: Augenweide am Auge des Maelstroms? – Francis Ford Coppola inszeniert BRAM STOKER'S DRACULA als den ewig jungen Mythos Hollywood
Georg Seeßlen: WILD AT HEART von David Lynch

---

www.verlag-der-autoren.de
Verlag der Autoren – in Ihrer Buchhandlung